Annabel Karmel

DAS SCHMECKT KINDERN GUT

Vom Baby bis zum Schulkind
120 Rezepte – lecker und gesund
Schnell und einfach zubereitet

MIT ILLUSTRATIONEN VON SALLY DAVIES

MOSAIK VERLAG

Für meine Kinder
Nicholas, Lara und Scarlett

Mit Genehmigung von BBC Books, einem Unternehmen
der BBC Enterprises Ltd., London

Titel der Originalausgabe: Small Helpings. A complete guide to feeding babies,
toddlers and schoolchildren
Originalverlag: BBC Books/BBC Enterprises Ltd., London 1994
Übersetzung: Sabine Schulte
Umschlaggestaltung: Martina Eisele
Umschlagillustration: Sally Davies/Foto Rückseite: Stanley Lenman

Der Mosaik Verlag ist ein Unternehmen der
Verlagsgruppe Bertelsmann

© Annabel Karmel 1994 (Original English Language Version)
© Alle deutschsprachigen Rechte Mosaik Verlag GmbH,
München 1995 / 5 4 3 2 1
Satz: Filmsatz Schröter GmbH, München
Druck und Bindung: Mohndruck Graphische Betriebe GmbH, Gütersloh
Printed in Germany
ISBN: 3-576-10490-9

INHALT

EINLEITUNG

Ich bin Mutter von drei Kindern unter fünf Jahren – Nicholas, Lara und Scarlett –, und wie jede andere Mutter möchte ich meinen Kindern für ihr späteres Leben das Beste mitgeben.

Kleine Kinder benötigen für ihr Wachstum ganz besonders eine vollwertige Ernährung, denn die Qualität ihrer Nahrung ist, wie Untersuchungen gezeigt haben, auch für den Gesundheitszustand und die geistige Entwicklung im späteren Leben entscheidend. Neuere Untersuchungsergebnisse von Professor Alan Lucas, Cambridge, und seinen Mitarbeitern deuten darauf hin, daß es bereits positive Auswirkungen auf den IQ haben kann, wenn Frühgeborene nur vier Wochen lang mit Muttermilch gefüttert werden. Viele kleine Kinder leiden unter Eisenmangel, der zu einer dauerhaften Beeinträchtigung der geistigen Entwicklung führen kann. Koronare Herzerkrankungen sind in den westlichen Industrieländern die häufigste Todesursache, und es besteht wenig Zweifel daran, daß der Krankheitsverlauf oft mit der Ernährung zusammenhängt.

Babys können sich ihre Nahrung nicht aussuchen, und kleine Kinder erfassen die Bedeutung von gesunder Kost noch nicht. Die Einstellung zum Essen bildet sich in der Kindheit, daher müssen wir Eltern die Verantwortung dafür übernehmen und von früh an für eine gesunde Ernährung sorgen.

Ich habe in diesem Buch Rezepte unter dem Gesichtspunkt ausgewählt, daß sie altersgemäß sind und auf Vorrat gekocht werden können. Alle Gerichte lassen sich schnell zubereiten, und es werden frische, natürliche Zutaten verwendet. Der Schwerpunkt liegt dabei auf dem Kochen für die ganze Familie. Pürees, die ich für die Kinder zubereite, sind oft so lecker, daß ich gleich größere Portionen mache und die ganze Familie eine köstliche Suppe bekommt!

Sie finden viele praktische, zeitsparende Tips und Ratschläge für möglicherweise schwierige Entwicklungsphasen. Glauben Sie mir, ich habe alles selbst mitgemacht – Nicholas hatte eine Phase, in der er gar nicht aß; Lara (meine kleine Junk-food-

Süchtige) aß nur, wenn ihr Essen unter einer Schicht Tomatenketchup begraben war; und Scarlett mag alles, was sie in die Finger bekommt, ob eßbar oder nicht.

Ich habe Rezepte für alle Gelegenheiten zusammengestellt: leckere Alltagsgerichte, gesunde Snacks, Pausenbrote und kindgerechte Leckereien für zwanzig hungrige Mäuler zu besonderen Anlässen. Fast alle Gerichte kann man einfrieren, so daß Sie immer einen Vorrat an gesunden, selbstgekochten Mahlzeiten im Gefriergerät haben.

Dennoch sollten Sie fertige Gläschenkost nicht völlig aus Ihrem Küchenschrank verbannen. Sie hat durchaus ihre Berechtigung. So steht der Anbau von Gemüse für Babykost in Deutschland unter strengen gesetzlichen Kontrollen, und dieses Gemüse ist beispielsweise geringer mit Nitrat belastet als Gemüse, das Sie im Supermarkt oder auch im Bioladen kaufen. Generell sollten Sie Lebensmitteln den Vorzug geben, die aus kontrolliert biologischem Anbau stammen. Diese Produkte sind zwar nicht schadstofffrei, aber doch weniger belastet als konventionell angebaute.

Ich hoffe, daß dieses Buch für Sie eine Schatztruhe voller Ideen für die Ernährung Ihres Kindes ist und Ihnen hilft, gesunde Ernährungsgewohnheiten für sein späteres Leben aufzubauen. Ich kann Ihnen versichern, daß jedes Gericht von einem Gremium kleiner Leute geprüft wurde, die mir ohne Hemmungen immer gleich zeigten, ob es ihnen schmeckte oder nicht!

GRUNDLAGEN DER ERNÄHRUNG

Das Essen in den westlichen Ländern ist zu fett (enthält vor allem zu viele gesättigte Fettsäuren), zu süß und zu salzig. Man kann Kinder bis zum Alter von fünf Jahren problemlos an eine fett- und zuckerarme Ernährung, wie sie von Ernährungswissenschaftlern empfohlen wird, gewöhnen. Daher werden in den Rezepten möglichst wenig Zucker, Fett und Salz verwendet. Allgemein sollte man sich bei der Zubereitung von Kindernahrung an folgende Richtlinien halten:

• SALZ. Verzichten Sie auf das Nachsalzen bei Tisch. Gehen Sie beim Kochen sparsam mit Salz um, und würzen Sie statt dessen mit Kräutern.

• FETT. Verwenden Sie mageres Fleisch, und achten Sie auf die versteckten Fette in Wurstwaren, Süßigkeiten und Gebäck. Beim Braten und Kochen können Sie Fett einsparen, wenn Sie eine beschichtete Pfanne verwenden.

• ZUCKER. Süßen Sie möglichst mit reinem Obstsaft oder -püree, so erhalten Sie eine natürliche Süße. Verzichten Sie auf künstliche Süßstoffe.

EISEN

Ein sehr wichtiger Mineralstoff für Babys und Kleinkinder ist Eisen. Eisenmangel ist bei kleinen Kindern in westlichen Gesellschaften vielleicht die häufigste Mangelerscheinung. Kinder mit Eisenmangel fühlen sich müde und erschöpft. Wie in der Einleitung erwähnt, ist Eisen für die Entwicklung des Gehirns wichtig, und ein Mangel kann die spätere Lernfähigkeit beeinträchtigen. Normalerweise haben Säuglinge bei der Geburt soviel Eisenvorräte in der Leber, daß sie damit auskommen, bis ihr Geburtsgewicht sich verdoppelt hat, also etwa das erste halbe Jahr.

Das in der Muttermilch enthaltene Eisen kann besonders gut vom Baby-Organismus aufgenommen werden, und auch Säuglingsmilchnahrung ist mit ausreichenden Eisenmengen angereichert. Es ist deshalb wichtig, daß Ihr Baby das ganze erste Lebensjahr hindurch entweder Muttermilch oder Säuglingsmilchnahrung erhält.

Auch wenn das Baby im ersten Jahr mit Eisen angereicherte Milch bekommt, muß die Beikost eisenhaltig sein. Eisen aus tierischen Lebensmitteln wird vom Körper besser aufgenommen als solches aus pflanzlichen Quellen. Aus diesem Grund wird von wissenschaftlicher Seite empfohlen, dem Baby spätestens am Ende des sechsten Monats einen mit Fleisch vermischten Gemüsebrei als Beikost zu geben. Leber ist zwar besonders eisenreich, doch gleichzeitig mit schädlichen Schwermetallen belastet. Deshalb sollte Leber, wenn überhaupt, nur einmal in zwei Wochen auf dem Kinderteller sein. Leberwurst oder -pastete darf im ersten Lebensjahr nicht gegeben werden, weil Listeriosegefahr besteht.

Vitamin C fördert die Aufnahme von Eisen aus Gemüse und Getreide. Gute Vitamin-C-Quellen sind frisches Obst, vor allem Zitrusfrüchte. Wenn Sie einen Eßlöffel Orangensaft unter den Getreidebrei Ihres Babys rühren, erhöhen Sie damit die Eisenaufnahme aus dem Getreide.

EISENREICHE NAHRUNGSMITTEL

Schweineleber
Kalbsnieren
Fleisch
Eigelb
Kidneybohnen
Weiße Bohnen
Erbsen
Linsen
dunkelgrüne Gemüse wie Spinat

Trockenobst, vor allem Aprikosen und Pflaumen
Getreideflocken aus dem vollen Korn
Vollkornbrot

EISENHALTIGE BEIKOST FÜR BABYS ÜBER SECHS MONATE

Kartoffel-Gemüse-Fleisch-Brei
Hühnchen in Soße
püriertes Gemüse mit zerdrücktem Eigelb
getrocknete Aprikosen mit Reisflocken
Spinat und Kartoffelbrei

IDEEN FÜR EISENREICHE SNACKS FÜR ÄLTERE BABYS (AB DEM 10. MONAT)

Eigelb und Brunnenkresse
Sandwich mit Erdnußmus und Rosinen*
Weizenvollkornbrot mit Doppelrahm-Frischkäse
getrocknete Aprikosen*
Backpflaumen*
getrocknete Feigen*
Putenstückchen

* Zusammen mit Vitamin-C-reichem Obst essen, zum Beispiel mit Orange oder Netzmelone.

KALZIUM

Kalzium ist wichtig für den Aufbau von gesunden Knochen und Zähnen. Die beste Kalziumquelle sind Milchprodukte. Im ersten Jahr ist Milch für die meisten Babys das Hauptnahrungsmittel. Aber nicht alle Mütter wissen, daß Jugendliche noch mehr Kalzium benötigen als Kinder und Erwachsene, weil fast die Hälfte der Knochenmasse des Erwachsenen während der Adoleszenz gebildet wird. Sorgen Sie also dafür, daß Ihr Kind in dieser Zeit ausreichend Kalzium bekommt. Der tägliche Bedarf eines Kindes im Alter von ein bis fünf Jahren wird zur Hälfte mit etwa 300 ml Milch abgedeckt (Seite 15).

Folgende Nahrungsmittel enthalten etwa so viel Kalzium wie 300 ml Milch:

300 ml Butter- oder Dickmilch
45 g Gouda oder Edamer
300 g Joghurt
300 g Vanillepudding
300 g Tofu
400 g Hüttenkäse
25 g Mohn (2 1/2 Eßlöffel)
40 g Sesamsamen (4 Eßlöffel)
300 g Spinat
350 g Brokkoli
150 g Mandeln

FETTE

Kinder sind aktiv und benötigen energiereiche Nahrungsmittel. Doch ihr Magen ist noch so klein, daß sie nicht zuviel auf einmal essen können. Fett ist der Nährstoff mit dem höchsten Energiegehalt. Kleine Kinder brauchen daher im Verhältnis zu Erwachsenen mehr Fett. Denken Sie daran, daß Babys ziemlich dick sein sollten, bis sie anfangen zu laufen. Mit der Zunahme an Aktivität verbrauchen sie plötzlich einen beträchtlichen Teil ihrer Energiereserven. Muttermilch, die von der Natur vorgesehene Nahrung, enthält etwa 50 Prozent Fett. Es wird von Babys besser resorbiert als Fett aus der Milch von Tieren.

Fette enthalten Fettsäuren: *gesättigte* und *ungesättigte*. Gesättigte Fettsäuren sind in Butter, Käse, Milch und anderen Milchprodukten sowie in Fleisch, Wurst und Fleischprodukten (Schmalz, Bratenfett) enthalten. Sie können den Cholesterinspiegel und das Risiko von Herzerkrankungen erhöhen. Ein- und mehrfach ungesättigte Fettsäuren sind in pflanzlichen Ölen, Margarine und Fisch enthalten. Sie besitzen die Fähigkeit, den Cholesterinspiegel zu senken. Es ist jedoch weitaus weniger wahrscheinlich, daß infolge des Verzehrs von gesättigten Fettsäuren in den ersten fünf Lebensjahren im späteren Leben eine Herzkrankheit auftritt, als daß sich aufgrund einer stark verminderten Aufnahme von tierischen Fetten Mangelerscheinungen zeigen.

Bevorzugen Sie pflanzliche Öle, denn sie enthalten mehrfach ungesättigte Fettsäuren. Butter ist auch wichtig, denn sie enthält die fettlöslichen Vitamine A und D; und gewöhnen Sie Ihr Kind am besten an mageres Fleisch.

Vollmilch ist ebenfalls eine Ausnahme, da Kinder unter zwei Jahren Vollmilch und nicht Magermilch trinken sollten. Die in der Vollmilch enthaltenen notwendigen Vitamine A und D sind fettlöslich und gehen beim Entrahmen der Milch verloren. Auch fettarme Milchprodukte sind für Kleinkinder ungeeignet. Im Rahmen einer ausgewogenen Ernährung kann man Zwei- bis Dreijährigen fettarme Milch geben.

KOHLENHYDRATE

Neben den Fetten sind Kohlenhydrate die wichtigste Energiequelle für den Körper.

Es gibt zwei Arten von Kohlenhydraten: *Zucker* (leicht verdaulich) und *Stärke* (schwer verdaulich).

Um unseren Bedarf an Kohlenhydraten zu decken, empfehlen Ernährungswissenschaftler, mehr Brot, Getreideprodukte und Gemüse zu verzehren. Im Gegensatz zu stärkehaltigen Lebensmitteln liefert Zucker lediglich Energie und keine anderen Nährstoffe. Er ist Hauptverursacher von Zahnschäden (Karies) bei Kindern. Kinder sollten Zucker deshalb möglichst in natürlicher Form zu sich nehmen (Obstsaft zum Süßen verwenden!) und mit Zucker gesüßte Produkte nur ausnahmsweise essen. Lassen Sie sich nicht täuschen: Honig, Glukose, Dextrose und Rohrzucker ist auch Zucker, nur unter anderem Namen.

MEHR ESSEN	*WENIGER ESSEN*
STÄRKE	
Vollkornflocken	industriell verarbeitete, zuckerhaltige
Vollkornbrot und Vollkornmehl	Frühstücksflocken
Vollkornteigwaren	Weißbrot und weißes Mehl
Naturreis	weißen Reis
Hülsenfrüchte	
ZUCKER	
Obst	Fruchtnektare, Fruchtsaftgetränke,
Gemüse	Limonaden und gesüßte Getränke
	Zucker und Honig

EIWEISS

Die meisten von uns nehmen mehr Eiweiß zu sich, als sie brauchen. Ein Baby benötigt keine großen Mengen an Eiweiß, vor allem dann nicht, wenn es noch Milch bekommt, da Milch Eiweiß enthält.

Eiweiß oder Protein setzt sich aus Aminosäuren zusammen, von denen acht lebensnotwendig (essentiell) sind. Eiweiß wird für den Zellaufbau benötigt und ist deshalb besonders wichtig für Babys und Kinder, deren Körper sich im Wachstum befinden. Manche Lebensmittel, wie Fleisch, Geflügel, Fisch, Milchprodukte und Sojabohnen, enthalten alle Aminosäuren, die der Körper braucht. Andere, wie Vollkorngetreide, Brot, Hülsenfrüchte, Nüsse und Samen, Nudeln und Naturreis, enthalten nur einige der für eine optimale Ernährung notwendigen Eiweißbausteine. Kombiniert man diese Nahrungsmittel richtig miteinander, erhält man hochwertiges Eiweiß, das sogar wertvoller als Fleischprotein ist.

WASSER

Als mein Sohn Nicholas ein Baby war, wäre ich nie auf den Gedanken gekommen, ihm Wasser zu trinken zu geben. Mit Getränken für Babys werden ungeheure Umsätze erzielt, und ich hatte mir wohl vormachen lassen, die beruhigenden Kräutertees und Fruchtsäfte mit Vitaminzusätzen wären gut für Nicholas. Erst als ich mir die Liste der Inhaltsstoffe genauer ansah, entdeckte ich, daß die meisten dieser Getränke nicht mehr taugten als Zuckerwasser.

Muttermilch oder Säuglingsmilchnahrung enthält alle Nährstoffe, die ein Baby braucht, und andere Getränke können ihm den Appetit auf Milch nehmen. Wenn das Wetter nicht ausgesprochen heiß ist, brauchen viele Babys außer Milch nichts zu trinken.

Wenn das Baby dann älter wird und mehr feste Nahrung zu sich nimmt, benötigt es auch mehr Flüssigkeit. Es ist gut, früh mit Wasser zu beginnen, denn wenn das Kind einmal Geschmack an süßen Obstsäften und Kräutertee gefunden hat, gewöhnt es sich nicht mehr an Wasser. Man kann ihm Wasser geben, wenn es zum erstenmal aus der Tasse trinkt. Das ist möglicherweise so interessant, daß es das Wasser gern trinkt.

Sie können ins Fläschchen stilles Mineralwasser, das für Säuglingsnahrung geeignet ist, füllen. Gut ist auch abgekochtes, abgekühltes Leitungswasser. Informationen über die Wasserqualität in Ihrem Wohnort erhalten Sie bei Ihrem Wasseramt. Der Nitratwert sollte nicht über 25 mg pro Liter liegen (EG-Richtlinie ist 50 mg pro Liter).

VITAMINE

Bei einer guten, ausgewogenen Ernährung sind Vitaminpräparate für Kinder überflüssig. Meiner Meinung nach dienen sie eher dem Seelenfrieden der Eltern als dem Wohl des Kindes.

Manche Nährstoffe kann der Körper speichern, vor allem die fettlöslichen Vitamine A, D, E und K. Andere Nährstoffe, besonders die wasserlöslichen Vitamine der B-Gruppe und Vitamin C, werden nicht gespeichert und sollten daher täglich gegessen werden.

Beim Kochen können Vitamine und Mineralstoffe verlorengehen. Vitamin C ist besonders hitzeempfindlich, und manche B-Vitamine werden in die Kochflüssigkeit ausgeschwemmt. Deshalb sollte man einen Teil der Kochflüssigkeit für eine Soße (bei Blumenkohl zum Beispiel für eine Käsesoße) verwenden. Bieten Sie Ihrem Kind ab und zu rohes Gemüse an! Die schonendste Art, Gemüse zu garen, ist das Dämpfen.

Wenn Sie keine Gelegenheit haben, frisches Gemüse oder Obst zu besorgen, sollten Sie auf tiefgefrorenes zurückgreifen. Unmittelbar nach der Ernte eingefrorenes Gemüse kann sogar frischer sein als Gemüse, das tagelang im Laden oder in der Speisekammer liegt (Seite 69).

WAS KENNZEICHNET EINE AUSGEWOGENE ERNÄHRUNG

Was für Erwachsene gesund ist, muß nicht unbedingt auch für Kinder in der Wachstumsphase richtig sein. Kinder können nur kleine Portionen essen und müssen des-

halb energiereiche Nahrung zu sich nehmen, die nicht zu stark sättigt. Denn sonst wäre der kleine Magen gefüllt, bevor das Kind genug Kalorien und Nährstoffe aufgenommen hat. Die Lebensmittel lassen sich in mehrere Gruppen einteilen. Sie sind für die Ernährung des Kindes wichtig und sollten täglich in bestimmten Mengen gegessen werden:

● MILCH UND MILCHPRODUKTE PRO TAG
Die empfohlene Menge hängt vom Alter des Kindes ab:
Babys bis 6 Monate: 4mal 225 ml Milch (Muttermilch oder Säuglingsmilchnahrung) im Fläschchen
7.–9. Monat: mindestens 600 ml (Muttermilch oder Säuglingsmilchnahrung)
1 Jahr: 300 ml
2–3 Jahre: 330 ml
4–6 Jahre: 350 ml
Jugendliche: 500 ml
(Entsprechungen Seite 10)

● OBST PRO TAG
1 Jahr: 100 g (1 geriebener Apfel oder 1 Banane)
2–3 Jahre: 120 g (1 Apfel oder 1 Banane)
4–6 Jahre: 180 g (1 großer Apfel oder 1 Pfirsich und 1 Banane)
Jugendliche: 250 g (1 Apfel und 1 Banane)

● GEMÜSE (GEKOCHT UND ALS ROHKOST) PRO TAG
1 Jahr: 100 g (3 Eßlöffel)
2–3 Jahre: 120 g (4 Eßlöffel)

4 – 6 Jahre: 180 g (6 Eßlöffel)
Jugendliche: 250 – 300 g

• Brot und Getreide pro Tag
6. Monat: 20 g Getreideflocken
7. – 9. Monat: 40 g Getreideflocken
10. – 12. Monat: 50 – 70 g (Brot und Getreideflocken)
1 Jahr: 80 g (Brot und Getreideflocken)
2 – 3 Jahre: 120 g (Brot und Getreideflocken)
4 – 6 Jahre: 170 g (Brot und Getreideflocken)
Jugendliche: 300 g

• Kartoffeln, Reis oder Nudeln pro Tag
5. – 6. Monat: 40 g
7. – 9. Monat: 50 g
10. – 12. Monat: 60
1 Jahr: 80 g
2 – 3 Jahre: 100 g
4 – 6 Jahre: 120 g
Jugendliche: 200 – 250 g

• Fleisch und Wurst pro Tag
7. – 9. Monat: 30 g
10. – 12. Monat: 35 g
1 Jahr: 40 g
2 – 3 Jahre: 50 g
4 – 6 Jahre: 60 g
Jugendliche: 90 g

Fisch pro Woche
1 Jahr: 50 g
2 – 3 Jahre: 70 g
4 – 6 Jahre: 100 g
Jugendliche: 200 g

Eier pro Woche
6. – 12. Monat: 1 Eigelb
1 – 3 Jahre: 1 – 2 Stück
4 – 6 Jahre: 2 Stück
Jugendliche: 3 Stück

Margarine, Butter, Öl pro Tag
5. – 6. Monat: 10 g
7. – 9. Monat: 15 g
10. – 12. Monat: 20 g
1 Jahr: 10 g
2 – 3 Jahre: 15 g
4 – 6 Jahre: 20 g
Jugendliche: 30 – 35 g

Flüssigkeit pro Tag
1 Jahr: 450 ml
2 – 3 Jahre: 600 ml
4 – 6 Jahre: 700 ml
Jugendliche: 1500 ml

Bei der Einführung der ersten Beikost braucht man sich um die Ausgewogenheit der Ernährung noch keine Gedanken zu machen. Noch ist Milch (Muttermilch bzw. Säuglingsmilchnahrung) das Hauptnahrungsmittel, und daraus erhält das Baby alles, was es benötigt. Wenn Ihr Baby sechs bis acht Monate alt ist, sollten Sie versuchen, es ausgewogen zu ernähren, denn in diesem Alter sind häufig zwei bis drei Brust- oder Flaschenmahlzeiten durch Beikost ersetzt. Zudem gewöhnen Sie Ihr Kind frühzeitig an eine gesunde Ernährung.

MILCH UND MILCHPRODUKTE

Milch und Milchprodukte liefern Kalzium, Eiweiß und Vitamin D. Wegen der Listeriosegefahr sollten Sie Ihrem Baby keinen Weichkäse geben. Kinder, die älter als ein Jahr sind, benötigen Milchprodukte aus Vollmilch, um genügend Energie zu tanken. Wenn Ihr Kind nicht so gern Milch trinkt, liefern Joghurt, Buttermilch, Käse und Sahnecremesuppen dieselben Nährstoffe wie Milch. Denken Sie aber daran, daß Kuhmilch wenig Eisen enthält. Lassen Sie Ihr Kind daher nicht soviel Milch trinken, daß es keinen Hunger mehr auf feste, eisenhaltige Nahrung hat. Übrigens: Sauermilchprodukte sind für Säuglinge bis zu etwa zehn Monaten überflüssig. Die empfehlenswerte Menge Milch für Kinder über einem Jahr ist 300 ml. Dies deckt etwa die Hälfte des Kalziumbedarfs. Die andere Hälfte wird durch andere kalziumreiche Lebensmittel gedeckt (Seite 10).

OBST UND GEMÜSE

Diese Lebensmittel liefern Ballaststoffe, Vitamine A, C und E sowie wichtige Mineralstoffe wie Kalium, Kalzium und Eisen. Versuchen Sie, Ihrem Kind täglich Obst und Gemüse zu geben, das Vitamin C und Vitamin A enthält. Machen Sie Ihrem Kind Obst und Gemüse schon früh schmackhaft.
VITAMIN-C-REICH: Zitrusfrüchte, Beerenobst, Netzmelonen, Aprikosen, Kiwis, Papaya, Blumenkohl, Fenchel, Brokkoli, Rosenkohl, Kohl, Tomaten, Paprikaschoten.

VITAMIN-A-REICH: Möhren, Netzmelonen, Aprikosen, Erbsen, Brokkoli, dunkelgrüne Blattgemüse.

BROT UND GETREIDE

Diese Lebensmittel liefern Eisen, die Vitamine Niacin, Thiamin (Vitamin B_1) und Ballaststoffe. Wählen Sie für Ihr Kind Produkte aus Vollkorngetreide. Niacin und Thiamin sind wichtig für Energie und emotionale Ausgeglichenheit sowie für das Wachstum von Haaren, Haut und Nägeln.

In letzter Zeit wird viel darüber berichtet, daß unsere Ernährung zu wenig Ballaststoffe enthält. Bei Babys und Kleinkindern muß man jedoch darauf achten, daß sie nicht zu viele Ballaststoffe zu sich nehmen, damit sie nicht satt sind, bevor sie genügend Nährstoffe aufgenommen haben. Bestimmte Ballaststoffe, zum Beispiel Weizenkleie, enthalten außerdem Substanzen, die die Vitamin- und Mineralstoffaufnahme im Körper stören. Geben Sie Ihrem Kind möglichst Vollkornbrot und Vollkornflocken zu essen, auf keinen Fall aber Nahrungsmittel mit zugesetzten Ballaststoffen.

FLEISCH UND ALTERNATIVEN DAZU

Fleisch liefert Eiweiß, Eisen, Zink und Vitamin B_{12}. Auch wenn Kinder kein Fleisch essen, bekommen sie bei einer vielseitigen Ernährung genügend Eiweiß aus anderen Lebensmitteln wie Geflügel, Fisch, Eiern, Nüssen und Samen, Getreide, Tofu und Hülsenfrüchten.

Fleisch und Leber sind die besten Eisenlieferanten. Wenn Ihr Kind viel Kuhmilch trinkt und hauptsächlich eisenarme Nahrung zu sich nimmt, kann ein Eisenmangel auftreten. (Eisenhaltige Nahrungsmittel und Gerichte siehe Seite 8 f.).

Mageres Fleisch enthält weniger als fünf Prozent Fett und ist – in Maßen genossen – für Ihr Kind ein wertvolles Nahrungsmittel.

VEGETARISCHE UND VEGANISCHE ERNÄHRUNG

Vegetarier fragen sich häufig, ob ihre Ernährungsweise für ihr Baby und Kleinkind geeignet ist. Wenn aber Eier, Milch und Milchprodukte enthalten sind, ist die Ernährung für das Kind vollkommen ausreichend. Pflanzliches Eiweiß ist zwar von geringerer Wertigkeit als Eiweiß tierischen Ursprungs, doch das Eiweiß aus Hülsenfrüchten (Erbsen, Bohnen, Linsen) und Nüssen ist genausogut. Damit Ihr Kind hochwertiges Eiweiß erhält, sollten Sie immer Milchprodukte oder eine Kombination verschiedener pflanzlicher Produkte, zum Beispiel Getreide und Gemüse, im Gericht verarbeiten.

Achten Sie auf eisenreiche Getreide- und Gemüsesorten, wie Hafer, Grünkern, Hirse oder Roggen sowie Spinat, Fenchel, Karotten und Rosenkohl. Um die Aufnahme von Eisen aus pflanzlichen Produkten zu erhöhen, sollten Sie immer ein Vitamin-C-reiches Lebensmittel oder Getränk zum Essen reichen.

Eine veganische Ernährung ist für Kinder nicht geeignet, da sie keine tierischen Produkte, also auch nicht Milch und Eier, enthält und zu schweren körperlichen und geistigen Entwicklungsstörungen führen kann.

LEBENSMITTELALLERGIEN

Wenn ein Fremdkörper, zum Beispiel ein Masernvirus, in den Körper eindringt, werden Antikörper gebildet, um den Eindringling abzuwehren. Diese Reaktion des Immunsystems schützt vor Krankheiten. Gelegentlich identifiziert der Körper jedoch eine eigentlich harmlose Substanz als gefährlichen Fremdkörper und produziert große Mengen von Antikörpern. Das kann unangenehme Nebenwirkungen haben.

Eine *Lebensmittelreaktion* ist normalerweise von kurzer Dauer und etwas anderes als eine *Lebensmittelallergie,* bei der das Immunsystem beteiligt ist. Wenn ein Nahrungsmittel nicht vertragen wird, kann sich das auf unterschiedliche Weise zeigen: durch Erbrechen, Durchfall, Bauchschmerzen, Übelkeit, Asthma, Ekzeme und Schwellungen. Bei einer echten Lebensmittelallergie hilft nur der Verzicht auf das Nahrungsmittel.

Viele Mütter machen sich Sorgen wegen möglicher Lebensmittelallergien. Doch davon sind nur ganz wenige Babys betroffen, meistens diejenigen, deren Eltern bereits an Allergien leiden. Lebensmittelallergien sind schwer zu diagnostizieren. Fälschlicherweise können Symptome wie Durchfall, Kolik und Hautausschläge dafür gehalten werden.

Wenn in Ihrer Familie keine Allergien auftreten und Ihr Kind auf ein bestimmtes Nahrungsmittel leichte Reaktionen zeigt, heißt das nicht, daß es davon nie mehr essen darf. Frühkindliche Lebensmittelallergien wachsen sich oft bis zum Alter von drei Jahren aus.

Um sicherzugehen, daß Ihr Baby auf kein Lebensmittel allergisch reagiert, sollten Sie Nahrungsmittel einzeln und nacheinander in der Beikost einführen.

Risikobabys sind in diesem Fall Kinder, in deren Familien sogenannte *atopische* Erkrankungen auftreten – das sind allergische Reaktionen vom Soforttyp, wie Heuschnupfen, Asthma, Ekzeme. Hier wird empfohlen, vier bis sechs Monate voll zu stillen und Nahrungsmittel wie Kuhmilch, Eier und Weizenprodukte erst vom siebten Lebensmonat an zu geben, wenn sich also das Immunsystem des Babys entwickelt hat.

Für Babys, die keine Kuhmilch vertragen, ist Muttermilch am besten. Möglicherweise muß die stillende Mutter selbst ihren Verzehr von Milchprodukten einschränken, um diese nicht durch ihre Milch an das Kind weiterzugeben.

Manche Eltern geben ihrem Kind Sojamilch, um Allergien zu verhindern oder weil sie meinen, ihr Baby zeige allergische Reaktionen. Meiner Meinung nach hat das wenig Sinn. Sojamilch schützt nicht vor Allergien, auch Risikobabys nicht, und bei den meisten Formen von Milchallergie bietet sie keine wirksame Alternative. Gegen Sojamilch sind fast ebenso viele Babys allergisch wie gegen Kuhmilch, und Sojamilch hemmt die Resorption von bestimmten wichtigen Mineralstoffen, darunter auch Eisen. Für Risikobabys ist es daher am besten, wenn sie mindestens sechs Monate lang gestillt werden.

Allergische Reaktionen treten am häufigsten beim Verzehr folgender Nahrungsmittel auf: Kuhmilch und Milchprodukte, Eier, Fisch (vor allem Schaltiere), Nüsse, Weizen und Zitrusfrüchte. Künstliche Farbstoffe und Zusatzstoffe können ebenfalls allergische Reaktionen auslösen. Ich rate Ihnen, bei Verdacht auf Allergie nicht vorschnell Nahrungsmittel aus dem Speiseplan Ihres Kindes zu streichen, sondern ihm das Nahrungsmittel zu verschiedenen Gelegenheiten zu geben. Wenn jedesmal die gleichen Symptome auftreten, sollten Sie mit Ihrem Kinderarzt oder einer Ernährungsberaterin sprechen, vor allem, wenn es um ein so wichtiges Lebensmittel wie Milch oder Weizen geht. Dann ist möglicherweise eine besondere Diät erforderlich. Langfristig gesehen kann es besser sein, schwache Symptome in Kauf zu nehmen, als ernährungsbedingte Mangelerscheinungen zu riskieren.

In den ersten sechs Lebensmonaten sollten Sie Ihrem Baby nur Reisflocken in den Getreidebrei geben. In Weizen, Roggen, Gerste und Hafer ist der Eiweißstoff Gluten (Klebereiweiß) enthalten, durch den eine Zöliakie ausgelöst werden kann. Diese schwere Darmerkrankung tritt zwar selten auf, dennoch ist Vorsicht angeraten. Ab dem fünften Monat können Sie dann auch Weizen-, Gerste-, Roggen- und Haferflocken geben.

DAS STRAHLENDE LÄCHELN

Zahnen kann recht schmerzhaft sein, aber ich frage mich oft, wer mehr darunter leidet, das quengelnde Baby oder die Eltern, die die ganze Nacht wachgehalten werden. Wenn die Zähnchen dann da sind, geben Eltern sich die größte Mühe, ihre Kinder zum regelmäßigen Zähneputzen zu bewegen. Das ändert aber nichts daran, daß die kleinen Perlen ausfallen, wenn das Kind etwa sieben Jahre alt ist.

Für ein Kind mit gesunden Zähnen sollte der Besuch beim Zahnarzt nichts Beängstigendes haben. Wenn Sie für eine gute Zahnpflege sorgen und von früh an darauf achten, daß sich Ihr Kind gut ernährt, gibt es keinen Grund dafür, daß es jemals Karies bekommen sollte.

Sich ein Schleckermäulchen heranzuziehen, ist einfach, aber ihm das Naschen wieder abzugewöhnen, ist eine Sisyphusarbeit. Manchmal bekommen Kleinkinder gezuckerte Getränke im Fläschchen oder im Becher, um sich zu beruhigen, und sie nuckeln dann ständig daran. Auch sollte man dem Kind keinesfalls zum Einschlafen ein Fläschchen mit Obstsaft geben.

Zum einen kann es sich daran verschlucken, zum anderen hat es nachts wenig Speichel im Mund, der die Säure im Saft wegspült, so daß es zu einem »Nursing Bottle Syndrom« kommen kann. Das heißt, daß die Schneidezähne von der säurehaltigen Flüssigkeit angegriffen werden, während das Kind schläft, und kariös werden. Geben Sie Ihrem Kind daher nur Wasser im Fläschchen, wenn Sie es schlafenlegen. Selbst Milch enthält Milchzucker (Laktose). Sobald wie möglich sollte man dem Kind dann das Fläschchen ganz abgewöhnen. Geben Sie Ihrem Kind zum Nachtisch Obst und keine Desserts. Es ist Zeit und Mühe wert, das Obst verlockend anzurichten.

Kalziumreiche Nahrungsmittel wie Käse, Joghurt, Milch und Nüsse sind für starke, gesunde Zähne wichtig. Versprechen Sie Ihrem Kind nie Süßigkeiten oder Eiscreme als Belohnung, und geben Sie ihm auch keine süßen Kekse, wenn es brav seinen Spinat aufgegessen hat. Wie wäre es, wenn Sie Ihrem Kind zur Belohnung anstatt ungesunder Nahrungsmittel gesunde Leckereien anbieten würden?

Viele Kinder haben bereits Löcher in den Zähnen, bevor sie fünf Jahre alt sind. Wie stark zuckerhaltige Nahrungsmittel die Zähne angreifen, hängt davon ab, wie oft Kinder süße Sachen essen. Wenn ein Kind einen Schokoladenriegel schnell ganz aufißt, ist das besser, als wenn es über Stunden hinweg eine Tüte Süßigkeiten lutscht.

Geben Sie Ihrem Kind Süßes nur zu den Mahlzeiten. Es hat dann genug Speichel im Mund, der hilft, die Zähne zu spülen. Kleine Kinder brauchen Zwischenmahlzeiten. Rohes Gemüse mit Dip oder Käse mit Obst (siehe Kapitel »Köstliche Snacks«, Seite 123) sind wesentlich besser geeignet als Süßigkeiten.

Immer wenn Zucker mit dem Zahnbelag in Berührung kommt, wird Säure produziert, die den Zahnschmelz angreift. Wenn man dafür sorgt, daß der Zahnbelag gründlich entfernt und gleichzeitig die Menge und die Häufigkeit des Zuckerverzehrs während der Mahlzeiten und zwischendurch reduziert wird, kann Karies verhindert werden.

Sobald das erste Zähnchen da ist, sollte man mit dem Zähneputzen beginnen: Durch sorgfältiges Abtupfen mit einem Wattebausch mindestens zweimal täglich kann man die Bakterien entfernen, die zusammen mit dem Zucker die Säurebildung bewirken und so zur Entkalkung des Zahnschmelzes führen. Wenn Ihr Baby mehr Zähne hat, können Sie zum Zähneputzen mit einer kleinen, weichen Zahnbürste übergehen. Kinder können sich erst mit etwa fünf Jahren selbst richtig die Zähne putzen, da sie erst dann die erforderlichen feinmotorischen Fertigkeiten besitzen. Eine erbsengroße Menge Zahnpasta ist übrigens für einmaliges Zähneputzen völlig ausreichend.

Fluorid führt zur Wiederverkalkung des Zahnschmelzes. Es gibt mehrere Möglichkeiten, Kinder ausreichend mit Fluorid zu versorgen: Zähneputzen mit fluoridhaltiger Zahnpasta, oder Fluoridtabletten oder -tropfen. Zuviel Fluorid kann jedoch zur Verfärbung der Zähne führen. Sprechen Sie am besten mit Ihrem Kinder- oder Zahnarzt über die Gabe von Fluoridpräparaten.

BABYS

DIE ERSTE BEIKOST

Wenn Ihr Baby vier Monate alt ist, können Sie ihm die erste feste Nahrung (Beikost) anbieten. Sein Immunsystem, das zum Schutz vor Allergien beiträgt, ist vorher noch nicht ausreichend entwickelt. Bei Risikosäuglingen treten Lebensmittelallergien weniger häufig auf, wenn die Beikost erst mit sechs Monaten eingeführt wird. Viel länger sollten Sie nicht mit der Einführung fester Nahrung warten, damit sich das Baby zum einen an das Schlucken der Nahrung gewöhnt, das, anders als das Saugen, kein Reflex ist. Zum anderen macht der allererste Brei Ihr Baby auch mit dem Essen vom Löffel bekannt und gewöhnt es an einen neuen Geschmack und an eine neue Konsistenz.

Ihr Baby wird schon zu verstehen geben, wann es mehr will als Milch. Es ist dann nach einer Flaschenmahlzeit noch hungrig, muß häufiger gestillt werden oder ist nachts unruhiger. Wenn Ihr Baby anfängt, sich für das zu interessieren, was Sie essen, und vielleicht sogar danach zu greifen versucht, ist das ein eindeutiges Zeichen, daß es feste Nahrung haben möchte.

Zu Anfang wird es meist nur wenig essen, so daß der Beitrag zur Ernährung noch gering ist. Wenn es jedoch früh Geschmack an gesunder Nahrung findet, wird sich das auf die späteren Ernährungsgewohnheiten auswirken.

— HAUPTNAHRUNGSMITTEL MILCH —

Milch ist während des ganzen ersten Lebensjahres das wichtigste Nahrungsmittel. Sie liefert einen großen Teil der Nährstoffe und der Kalorien. In den ersten sechs Monaten sollte ein Baby nur Muttermilch oder Säuglingsmilchnahrung erhalten. Pre-Säuglingsmilchnahrung ist die Milchnahrung, die von der Zusammensetzung her der Muttermilch am nächsten kommt. Sie ist vom ersten Lebenstag an geeignet. Die Milchnahrung mit der Ziffer 1 ist ebenfalls der Muttermilch weitgehend angepaßt und von Geburt an geeignet. Sie sättigt aber mehr und kann leichter zu einem Übergewicht beim Baby führen. Es gibt noch Milchnahrung mit der Ziffer 2, die Folgemilch. Sie unterscheidet sich erheb-

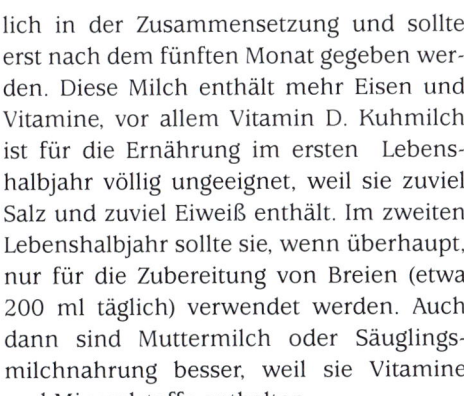

lich in der Zusammensetzung und sollte erst nach dem fünften Monat gegeben werden. Diese Milch enthält mehr Eisen und Vitamine, vor allem Vitamin D. Kuhmilch ist für die Ernährung im ersten Lebenshalbjahr völlig ungeeignet, weil sie zuviel Salz und zuviel Eiweiß enthält. Im zweiten Lebenshalbjahr sollte sie, wenn überhaupt, nur für die Zubereitung von Breien (etwa 200 ml täglich) verwendet werden. Auch dann sind Muttermilch oder Säuglingsmilchnahrung besser, weil sie Vitamine und Mineralstoffe enthalten.

Mit sechs Monaten, wenn das Kind schon zwei Breimahlzeiten am Tag ißt, braucht es immer noch mindestens 600 ml Muttermilch oder Milchnahrung. Daraus deckt es seinen gesamten Eiweißbedarf. Erst wenn Ihr Baby etwa zehn Monate alt ist, sollten Milchprodukte wie Joghurt, Käse, Quark und Frischkäse auf dem Speiseplan stehen. Kaufen Sie am besten naturbelassene Milchprodukte und süßen Sie mit selbsthergestelltem Fruchtbrei nach.

Wir wählen heute oft fettarme Produkte für unsere Ernährung, doch Babys und kleine Kinder brauchen Fett. Sie benötigen relativ mehr Kalorien als Erwachsene, weil sie schnell wachsen und körperlich aktiv sind. Da Babys häufig auch wenig Appetit haben, brauchen sie den Kaloriengehalt der Vollmilch (mehr zu diesem Thema siehe Seite 10 f.).

Kleine Kinder sind sehr verschieden, daher lassen sich keine genauen Mengenangaben machen. Zwischen vier und sechs Monaten, wenn die erste feste Nahrung eingeführt wird, sollte ein Baby jedoch noch vier bis fünf 250-ml-Fläschchen Milchnahrung bzw. die entsprechende Menge Muttermilch pro Tag bekommen. Mit etwa sechs Monaten sollten es im ganzen täglich zwischen 600 und 900 ml Milch sein. Wenn das Baby gestillt wird, sollte es etwa fünfmal täglich zu trinken bekommen; wenn es dann mehr feste Nahrung zu sich nimmt, müßten vier Milchmahlzeiten ausreichen. Für Kleinkinder bis zu zwei Jahren werden etwa 300 ml Milch empfohlen, die natürlich in Form von Butter- oder Sauermilchprodukten, Naturjoghurt, Sahnecremesuppen, Pudding oder sogar Eiscreme gegeben werden können. Quark und Frischkäse enthalten weniger Kalzium als die genannten Milchprodukte, sind aber auch geeignet.

Mit etwa acht bis zehn Monaten, wenn das Kind schon recht gut Gegenstände festhalten kann, können Sie anfangen, ihm Flüssigkeit (am besten Wasser) im Becher zu geben (Plastikbecher mit zwei Henkeln und Gewicht im Boden sind gut).

ANDERE GETRÄNKE

Wenn Ihr Baby zwischen den Mahlzeiten Durst hat, geben Sie ihm lieber abgekochtes Wasser als zuckerhaltige Getränke. Geben Sie auch älteren Kindern Wasser oder frischgepreßten Orangensaft. Wenn Sie Saft kaufen, dann achten Sie darauf, daß es

Fruchtsaft (100 Prozent Fruchtanteil) ist. Fruchtnektar oder Süßmost enthält nur 25 Prozent Frucht und Fruchtsaftgetränke zum Teil noch weniger: Kernobst mindestens 30 Prozent, Zitrusfrüchte mindestens sechs und andere mindestens zehn Prozent. Limonade enthält überhaupt keinen Fruchtanteil. Solche Getränke füllen Ihrem Kind den Magen und nehmen ihm den Appetit. Selbst reiner Fruchtsaft kann sehr süß sein und viel Fruktose (Fruchtzucker) enthalten, die schlecht für die Zähne ist; daher sollten Sie Fruchtsaft immer mit Wasser verdünnen.

DER ERSTE BREI

Weil Muttermilch süß ist, gewöhnen sich Babys von Geburt an an Süßes, daher gebe ich als ersten Brei lieber etwas Herzhaftes und später Obst. Auf den Seiten 27 und 28 finden Sie eine Liste mit Gemüse und Obst mit den passenden Rezepten dazu.

Reisflocken eignen sich gut für den ersten Getreide-Obst-Brei und lassen sich mit Wasser oder Milch kombinieren. Solange das Baby noch kein Jahr alt ist, sollten Sie Salz völlig weglassen, denn die Nieren von Säuglingen sind noch nicht voll belastbar. Würzen Sie statt dessen mit Kräutern.

Beginnen Sie mit einem Brei aus nur einer Zutat mit mildem Geschmack, am besten mit einem Karottenbrei. Wenn Ihr Baby sich daran gewöhnt hat, können Sie ein wenig gekochte Kartoffel unter den Brei pürieren. Probieren Sie dann nach und nach andere milde Gemüse, zum Beispiel Kürbis, Fenchel, Blumenkohl oder Spinat. Außerdem können Sie auch mageres, gekochtes und püriertes Fleisch hinzufügen.

Häufig wird empfohlen, mehrere Tage lang den gleichen Brei zu füttern, damit man sicher weiß, ob das Baby ihn verträgt. Doch wenn man Symptome sucht, findet man meistens auch welche, und daher besteht die Gefahr, daß Mütter unnötigerweise Nahrungsmittel aus dem Speiseplan des Babys streichen. Wenn in Ihrer Familie keine Allergien auftreten, besteht kein Grund, warum Ihr Kind nicht täglich verschiedene Nahrungsmittel essen sollte.

Zu Anfang wird Ihr Baby kaum mehr als ein bis zwei Teelöffel Brei essen.

EIN PAAR TIPS AM ANFANG

• In den ersten Wochen alles durch das Passiersieb streichen oder im Mixer pürieren. Den Brei ziemlich flüssig zubereiten, damit das Baby ihn leicht schlucken kann.

• Hygiene ist bei der Zubereitung von Babynahrung und beim Füttern äußerst wichtig. Achten Sie darauf, daß Sie nur gründlich gereinigte Geräte verwenden.

• Füttern Sie vor dem Schlafengehen einen Brei, den Ihr Baby kennt, damit es keine Blähungen bekommt und dann nachts nicht schlafen kann.

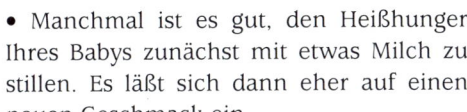

• Manchmal ist es gut, den Heißhunger Ihres Babys zunächst mit etwas Milch zu stillen. Es läßt sich dann eher auf einen neuen Geschmack ein.

• Kaufen Sie ein paar spezielle Babylöffel, oder nehmen Sie flache Plastiklöffel, damit das Baby den Brei leichter mit den Lippen vom Löffel nehmen kann. Ziehen Sie ihm den Löffel nicht zu schnell wieder aus dem Mund, denn es braucht vielleicht eine Weile, um ihn abzulecken. Versuchen Sie nie, Ihr Kind zum Essen zu zwingen.

• Wenn das Baby einen Brei nicht mag, mischen Sie ihn mit einem bekannten Geschmack, wie Muttermilch oder Reisflocken.

• Lassen Sie sich nicht abschrecken, wenn Ihr Baby das Essen wieder ausspuckt. Beim Saugen ist es eine natürliche Reaktion, daß das Baby seine Zunge vorschiebt. Wenn das Essen also gleich wieder herauskommt, muß das nicht heißen, daß Ihr Baby es nicht mag. Schlucken will gelernt sein, haben Sie also Geduld.

• Wenn der Brei nicht ganz aufgegessen wird, stellen Sie ihn nicht in den Kühlschrank, um am nächsten Tag noch einmal davon zu füttern, denn im Brei können sich Bakterien aus dem Mund des Kindes vermehren.

• Essen soll Spaß machen: Setzen Sie sich möglichst Ihrem Kind gegenüber, und lachen Sie es ermunternd an. Machen Sie ihm vor, wie Sie selbst essen.

KÜCHENGERÄTE

Man braucht kaum zusätzliche Geräte, um selbst Babynahrung herzustellen, doch sind folgende Utensilien ihre Anschaffung wert:

• PASSIERSIEB. Dieses Gerät ist nicht teuer und entfernt alle unverdaulichen Teile, wie Schalen von Gemüse oder Trockenobst und Tomatenkerne. Man kann damit ganz feine Breie herstellen. Es ist vor allem für die Zubereitung kleiner Mengen nützlich.

• MIXER ODER KÜCHENMASCHINE. Für die Zubereitung von Babybrei sind Küchenmaschinen mit extra Zusatzteilen für kleine Mengen besonders nützlich. Stabmixer eignen sich gut, um zum Beispiel Äpfel oder Karotten zu pürieren. Obst und Gemüse mit harten Schalen oder Kernen lassen sich besser im Mixer pürieren.

• DAMPFTOPF. Beim Dämpfen bleiben mehr Nährstoffe und der Eigengeschmack erhalten, weil das Gemüse nicht ausgelaugt wird. Das Essen schmeckt besser und ist reicher an Vitaminen und Mineralstoffen. Im Dampftopf mit mehreren Einsätzen kann verschiedenes Gemüse gleichzeitig zubereitet werden. Wenn Sie gedämpftes Gemüse einmal probiert haben, werden Sie vermutlich für die ganze Familie nur noch so kochen wollen. Es gibt preiswerte Dampfeinsätze in verschiedenen Größen, die Sie in normale Töpfe mit festschließendem Deckel setzen können.

Vorkochen und Einfrieren

Wer hat schon Zeit, groß zu kochen, wenn kleine Kinder im Haus sind? Selbstgemachte Breie sollten entweder am selben Tag verzehrt oder im Kühlschrank aufbewahrt und am nächsten Tag gegessen werden. Hier leistet ein Tiefkühlgerät wertvolle Dienste. In wenigen Stunden können Sie die Babynahrung für einen ganzen Monat zubereiten und haben so immer einen Vorrat.

Füllen Sie den zubereiteten Brei portionsweise in Eiswürfelschalen oder kleine Gefäße, und füllen Sie die Portionen nach dem Gefrieren einfach in Gefrierbeutel um. Fast alle Gerichte in diesem Buch sind zum Einfrieren geeignet (wenn nicht, sind sie mit einem ❄ gekennzeichnet). Gekochter Brei sollte sich in einem Vier-Sterne-Gefriergerät vier bis sechs Monate halten. Schreiben Sie immer das Verfallsdatum auf die Verpackung.

• Frieren Sie die Gerichte nach der Zubereitung so schnell wie möglich ein. Am besten kühlen Sie die Portionen vor dem Einfrieren zuerst im Kühlschrank durch. Auf diese Weise bilden sich keine Eiskristalle.

• Durch das Einfrieren kann Brei etwas trocken werden. Fügen Sie später beim Erhitzen eventuell etwas Milch, Brühe oder Saft hinzu.

• Wenn Sie Freundinnen mit etwa gleichaltrigen Kindern haben, kann jede von Ihnen zwei oder drei Gerichte in größerer Menge herstellen. Die können Sie dann tauschen – das spart Zeit.

• Gerichte aus dem Tiefkühlgerät müssen gründlich erhitzt werden. Mikrowellengeräte sind dafür recht nützlich. Rühren Sie immer gut um, damit der Brei gleichmäßig erhitzt wird. Lassen Sie das Essen etwas abkühlen, und probieren Sie, ob es nicht mehr zu heiß ist, bevor Sie es dem Baby geben.

• Abgesehen von Banane, Avocado, Melone und Aubergine lassen sich die meisten Obst- und Gemüsebreie sehr gut einfrieren.

5. UND 6. MONAT

DER ERSTE GEMÜSEBREI

Wenn Ihr Baby vier Monate alt ist, können Sie ihm den ersten Karottenbrei zum Probieren geben. Da die ersten Eßversuche meist nicht über 1–2 Teelöffel hinausgehen, lohnt es sich noch nicht, Babybrei selbst zu kochen. Stellen Sie also Ihre Kochambitionen etwas zurück, bis sich Ihr Baby an das Brei-Essen gewöhnt hat. Greifen Sie anfangs lieber auf Frühkarotten aus dem Gläschen zurück, die unter strengen Kontrollen hergestellt werden und sehr niedrige Nitratwerte aufweisen. Sobald Ihr Baby den Karottenbrei akzeptiert, können Sie etwas Kartoffel (Pellkartoffel) darunterpürieren. (Verhältnis Karotte : Kartoffel 2 : 1). Fügen Sie auf 150–200 g Brei etwa 10 g Öl (Soja-, Sonnenblumen- oder Maiskeimöl) hinzu.

Wenn Sie merken, daß die Portionen größer werden, können Sie mit Selbstgekochtem füttern.

KAROTTEN UND ZUCCHINI. Karotten schälen, putzen, kleinschneiden und dämpfen oder in wenig Wasser weich dünsten. Im Mixer pürieren. Bei gedämpften Karotten etwas Wasser aus dem Dampftopf hinzufügen. Zucchini dämpft man am besten; da sie viel Flüssigkeit enthalten, braucht man meist keine hinzuzufügen.

Für die Zubereitung in der Mikrowelle das Gemüse putzen, in Scheiben schneiden, mit Wasser beträufeln und zudecken. 200 g Zucchini brauchen bei 600 Watt etwa 3 Minuten und die entsprechende Menge Karotten etwa 5 Minuten.

FENCHEL, KOHLRABI, SPINAT. Ist Ihr Baby fünf Monate alt, können Sie ihm nährstoffreiche Gemüsesorten wie Fenchel, Kohlrabi und Spinat in Kombination mit Kartoffeln anstelle von Karotten anbieten.

Das Gemüse putzen, kurz abspülen und in kleine Stücke schneiden. Dämpfen oder in Wasser garen. Kleine Mengen kann man auch in der Mikrowelle zubereiten. Das weiche Gemüse im Mixer pürieren und dabei etwas Kochwasser, Muttermilch oder Säuglingsmilchnahrung hinzufügen.

KÜRBIS. Es gibt mehrere Möglichkeiten, die verschiedenen Kürbisarten zuzubereiten. Im Backofen karamelisiert ihr natürlicher Zucker, und das gibt ihnen den besten Geschmack. Dazu den Kürbis halbieren, die Kerne herausnehmen und das Fleisch großzügig mit zerlassener Butter bestreichen. Auf Folie legen und bei 180 °C im vorgeheizten Backofen 40 Minuten lang backen. Wenn das Fleisch an der Oberfläche trocken wird, mit Folie bedecken. Alternativ kann man 200 g Kürbis auch bei 600 Watt in der Mikrowelle garen (5 Minuten oder bis er weich ist) oder in Stücke schneiden und in Wasser dünsten oder in Butter weich schmoren.

ERSTES OBST

APFEL UND BIRNE. Schälen, das Kerngehäuse entfernen und in Stücke schneiden. Mit Wasser bedecken und weich dünsten oder dämpfen (Birnen werden schneller weich). Für die Zubereitung in der Mikrowelle das geschälte Obst kleinschneiden, mit etwas Wasser oder reinem Apfelsaft beträufeln und zugedeckt 250 g bei 600 Watt 3–4$\frac{1}{2}$ Minuten garen lassen. Im Mixer pürieren.

BANANE UND PAPAYA. Das Obst schälen und im Mixer pürieren oder mit der Gabel zerdrücken. Wenn der Bananenbrei so dick ist, daß Ihr Baby ihn nicht schlucken kann, etwas abgekochtes Wasser, reinen Obst-

saft, Muttermilch oder Säuglingsmilchnahrung hinzufügen. Man kann die Banane auch mit Schale im Backofen backen (bei 180°C) bis sie schwarz wird, dann schälen und zerdrücken. Dadurch wird die Banane schön weich und süß. Vorsicht – für manche Babys sind Bananen schwer verdaulich.

CREMIGER OBST- ODER GEMÜSEBREI. Obst- oder Gemüsebrei mit Reisflocken und Milch zu mischen ist eine gute Methode, neue Nahrungsmittel einzuführen, vor allem wenn sie, wie Brokkoli, einen kräftigen Eigengeschmack haben.

Kürbis-Kartoffel-Püree

Kürbis ist ein oft vernachlässigtes Gemüse, aber Babys essen ihn gern.

175 g Kürbis, kleingeschnitten
75 g Kartoffeln
10 g Butter

Den gegarten Kürbis mit der gekochten Kartoffel pürieren. Wenn der Kürbis nicht im Ofen gegart wurde, die Butter zum Schluß unter den Brei rühren.

ERGIBT 2 PORTIONEN

7. BIS 9. MONAT

In diesem Alter finden im Leben Ihres Babys große Veränderungen statt. Es kann im Hochstuhl sitzen und ist tagsüber länger wach. Wahrscheinlich hat es schon ein paar Zähnchen und fängt an, selbst zu essen, auch wenn das noch nicht so ganz klappt. Es lernt zu kauen, daher muß sein Essen nicht mehr so fein püriert, sondern mit einer Gabel zerdrückt, kleingeschnitten oder gehackt werden. Ihr Baby erhält jetzt dreimal am Tag zwischen ein und vier Eßlöffel Beikost.

Mit Nahrungsmitteln, die Ihr Baby noch nicht so gut verdauen kann (Trockenobst, Hülsenfrüchte, Zitrusfrüchte und Beerenobst), sollten Sie sparsam umgehen. Man kann heutzutage viele exotische Obst- und Gemüsesorten im Supermarkt kaufen. Sie mögen oft teurer als übliches Obst und Gemüse sein, sind aber leicht zuzubereiten, ergiebig und lassen sich gut mit anderen Nahrungsmitteln mischen, zum Beispiel Sharonfrucht mit Naturjoghurt.

Das Baby wird zwar immer noch gestillt oder erhält Säuglingsmilchnahrung, doch kann man für Breie und zum Kochen schon Kuhmilch (etwa 200 ml täglich) verwenden.

Mit etwa sechs Monaten können und sollten Sie Ihrem Baby Fleisch und Geflügel in den Brei mischen. Beides läßt sich gut mit Gemüse und Obst kombinieren. Hühnerbrühe bildet die Grundlage vieler meiner Gerichte. Wählen Sie magere Fleischteile vom Rind, Kalb oder Schwein. Sie können Fleisch auf Vorrat kochen und fein püriert portionsweise einfrieren.

WEITERES OBST

Rohes Obst ist am besten. Geben Sie dem Baby daher zerdrücktes oder geriebenes Obst, sobald es das vertragen kann.

PFIRSICHE, PFLAUMEN UND APRIKOSEN. Zum Abziehen die Schale kreuzweise einritzen, das Obst 1 Minute in kochendes Wasser tauchen, abschrecken und schälen. Das Obst in Stücke schneiden und den Stein entfernen. Mit Wasser bedeckt weich dünsten oder dämpfen. Für die Zubereitung in der Mikrowelle etwas Wasser hinzufügen, zudecken und 250 g bei etwa 350 Watt 3–6 Minuten garen. Anschließend pürieren.

MELONE. Netzmelonen (blaßgrün mit orangefarbenem Fleisch) enthalten viel Vitamin C und A, und reife Honigmelonen sind schön süß. Die Melone halbieren, Kerne mit einem Löffel entfernen, das Fleisch in Stücke schneiden und zerdrücken oder pürieren. Nicht einfrieren.

TROCKENOBST. Trockenobst hat bei Babys meist eine abführende Wirkung. 1 Teelöffel fein pürierte Backpflaumen hilft gegen Verstopfung. Wenn das Obst sehr hart ist, weichen Sie es vor dem Kochen ein paar Stunden in heißem Wasser ein. Anschließend mit Wasser bedeckt weich dünsten (etwa 10 Minuten) und durch das Passiersieb streichen, um die harten Schalen zu entfernen. Kleinen Babys gibt man den Brei am besten mit Milch und Getreideflocken vermischt. (Nicht einfrieren!)

BEERENOBST. Für manche Babys kann es schwer verdaulich sein, daher sollten Sie nur wenig davon anbieten oder es mit anderem Obst, wie Banane oder Apfel, mischen. Dämpfen, in etwas Wasser dünsten oder 250 g zugedeckt bei etwa 350 Watt 3–5 Minuten in der Mikrowelle garen. Durch das Passiersieb streichen, um die Kerne zu entfernen.

WEITERES GEMÜSE

BROKKOLI UND BLUMENKOHL. Das Gemüse sorgfältig waschen und in Röschen schneiden. Weich dämpfen oder dünsten und mit etwas Kochwasser oder Milch pürieren. Für die Zubereitung in der Mikrowelle mit Wasser beträufeln, zudecken und 100 g etwa 3 Minuten bei 600 Watt garen lassen.

GRÜNE BOHNEN. Die Enden abschneiden und eventuell vorhandene Fäden abziehen, Stangenbohnen diagonal in etwa drei Stücke schneiden. Weich dämpfen oder 100 g zugedeckt in der Mikrowelle etwa 5–7 Minuten bei 600 Watt garen. Stangenbohnen für Babys durch das Passiersieb streichen. Etwas abgekochtes Wasser oder Milch hinzufügen, damit der Brei glatt wird.

SPINAT. Die Spinatblätter sorgfältig waschen, harte Stiele entfernen und die Spinatblätter weich dämpfen oder mit ganz wenig Wasser im Topf dünsten. Pürieren. Für die Zubereitung in der Mikrowelle 200 g mit Wasser beträufeln und bei 600 Watt etwa 4 Minuten garen. Tiefgefrorenen Spinat nach Packungsanweisung zubereiten.

ERBSEN. Frisch gepalte oder Tiefkühl-Erbsen weich dämpfen oder mit Wasser bedeckt dünsten. Durch das Passiersieb streichen, um die Schalen zu entfernen. Koch-

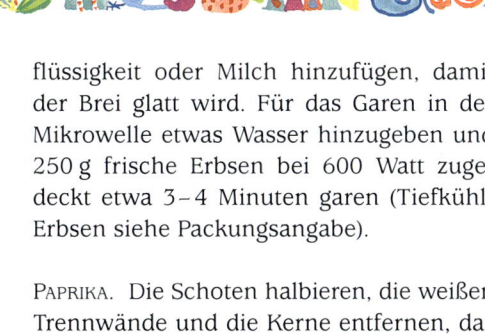

flüssigkeit oder Milch hinzufügen, damit der Brei glatt wird. Für das Garen in der Mikrowelle etwas Wasser hinzugeben und 250 g frische Erbsen bei 600 Watt zugedeckt etwa 3–4 Minuten garen (Tiefkühl-Erbsen siehe Packungsangabe).

PAPRIKA. Die Schoten halbieren, die weißen Trennwände und die Kerne entfernen, das Fruchtfleisch mit der Hand flachdrücken und die Schale mit Öl einreiben. Unter den vorgeheizten Grill oder in den Backofen legen, bis die Schale schwarz wird. Sie läßt sich nach dem Abkühlen leicht abziehen. Die Schoten mit Milch oder abgekochtem Wasser pürieren.

—— BELIEBTE KOMBINATIONEN ——

Wenn Ihr Baby eine Reihe von Breien aus einzelnen Obst- oder Gemüsesorten kennengelernt hat, können Sie mit dem Mischen beginnen. Sie finden hier Kombinationen, die Babys schmecken, und ich hoffe, daß die Liste Sie zu eigenen Kreationen anregt. Probieren Sie am besten selbst, ob Ihnen der Brei schmeckt – dann mag das Baby ihn meistens auch. Wenn das Kind ein Gericht nicht essen will, mischen Sie es mit Obst, damit kann man es ihm häufig schmackhaft machen. Als Lara zwei Jahre alt war, wollte sie einfach kein Hühnchen essen. Ich erfand ein Gericht aus Äpfeln (die sie sehr gern ißt) und Hühnchen, und plötzlich schmeckte es ihr so

gut, daß sie alles aufaß. Je mehr man ein Kind drängt, ein Gericht zu essen, desto weniger tut es einem den Gefallen – das jedenfalls ist meine Erfahrung. Ich halte diese schrittweise Einführung für einen guten Kompromiß.

ÄPFEL ODER BIRNEN UND …
Zimt oder Vanille
Trockenobst, zum Beispiel Rosinen, Backpflaumen, Aprikosen
Vanillesoße
Naturjoghurt, Doppelrahm-Frischkäse oder durch ein Sieb gestrichener Hüttenkäse (ab dem 10. Monat)
Brombeeren
Getreideflocken, zum Beispiel Reis- oder Haferflocken
Huhn
Moschuskürbis
Karotten
Kartoffeln
Heidelbeeren
Rosinen und Doppelrahm-Frischkäse
Pflaumen

BANANEN UND …
Naturjoghurt oder Quark
Avocado
Zucchini
Trockenobst
Kiwi
Erdbeeren und Quark oder Joghurt
Himbeeren
Huhn

Joghurt und Honig
Mandarinen
Papaya

KÜRBIS UND ...
Äpfel
Birnen
Pfirsiche
Weintrauben
Zimt
Spinat
Huhn
Karotten und Doppelrahm-Frischkäs*e*

NUDELN UND ...
Spinat und Käse
Äpfel und Karotten
Zucchini und Tomaten
Tomaten und Käse
Hackfleisch, Aubergine und Tomaten
Huhn, Lauch und Sahne
Käsesoße und Gemüse

HÜHNCHEN UND...
Weintrauben mit Béchamelsoße
Apfel
Reis und Tomaten
Hüttenkäse und Ananas oder Pfirsich
Avocado
Grüne Bohnen und Apfelsaft
Pfirsiche und Reis
Kartoffeln und Tomaten
Kürbis und Weintrauben

RINDFLEISCH UND...
Nudeln und Tomaten
Karotten und Kartoffeln
Aubergine und Tomaten
Graupen und Backpflaumen
Reis und Pilze

Die gute alte Hühnerbrühe

Hühnerbrühe ist die Grundlage vieler meiner Gerichte. Sie ist ganz einfach herzustellen und gesund für Ihr Baby. Ich koche sie in großen Mengen (normalerweise aus zwei Hühnern) und friere sie dann portionsweise ein. Am besten schmeckt die Brühe, wenn man ein Suppenhuhn mitsamt Innereien verwendet, man kann aber auch die Knochen von einem Brathähnchen und soviel Innereien und Geflügelklein wie möglich dazugeben. Mit Kalbsknochen vom Metzger wird der Geschmack der Suppe noch verbessert.

1 großes Suppenhuhn mit Innereien
3 große Karotten, in dicke Scheiben
  geschnitten
2 Pastinaken, grob gehackt
1 kleine weiße Rübe, in Stücke
  geschnitten
das Weiße von 2 Stangen Lauch, in
  Scheiben geschnitten

1 Stück Knollensellerie, gewürfelt
ein paar Sellerieblätter
2 Stengel Petersilie
1 Lorbeerblatt
2 – 3 Brühwürfel Hühnerbrühe (nach
  Belieben, nur für Kinder über
  einem Jahr)

Huhn und Innereien waschen und überschüssiges Fett abschneiden oder das Gerippe eines gebratenen Hühnchens zerkleinern. In einem großen Topf mit Wasser bedeckt langsam zum Kochen bringen und den Schaum von der Oberfläche abschöpfen. Das geputzte und gewaschene Gemüse und das Lorbeerblatt dazugeben und zugedeckt bei schwacher Hitze 3^1/$_2$ – 4 Stunden köcheln lassen. Das Huhn herausnehmen, wenn es gar ist (nach etwa 2 Stunden), das Fleisch ablösen (für andere Gerichte verwenden) und die Knochen weiter mitkochen lassen.

Über Nacht in den Kühlschrank stellen und am nächsten Morgen die Fettschicht von der Suppe entfernen. Die Brühe durch ein Sieb abgießen.

ERGIBT KNAPP 2 LITER

Gemüsebrühe

Diese Brühe schmeckt auch Kindern und Erwachsenen. Dann kochen Sie die Brühe etwas würziger und fügen Zwiebeln, Pfefferkörner und Salz hinzu. Sie können in dieser Brühe ein Stück mageres Fleisch mitkochen, das Sie anschließend pürieren und portionsweise einfrieren.

500 g Karotten
1 Stück Knollensellerie
1 Petersilienwurzel

25 g Butter oder Pflanzenöl
1 Bouquet garni

Das Wurzelgemüse putzen, waschen und in große Stücke schneiden. Das Fett in einem Suppentopf erhitzen und die Gemüsestückchen hinzufügen. Bei schwacher Hitze andünsten, bis das Gemüse leicht gebräunt ist. Das Bouquet garni dazugeben, $3^1/_2$ l Wasser darübergießen und die Suppe zum Kochen bringen. Zugedeckt etwa 1 Stunde köcheln lassen. Durch ein Sieb gießen, abkühlen lassen und mehrere Stunden kalt stellen, dann portionsweise einfrieren.

ERGIBT GUT 2 LITER

Getreide-Obst-Brei ❋

Hafer- oder andere Getreideflocken mit Milch und Obst ergeben ein schmackhaftes, nahrhaftes Frühstück für Ihr Baby. Ich verwende für mein Grundrezept getrocknete Aprikosen und frische Birne. Andere beliebte Zusammenstellungen sind Pfirsich, Birne und Banane oder Heidelbeeren, geriebener Apfel und Apfelsaft. Mit Obst der Saison können Sie Ihr eigenes Müsli kreieren. Warm an einem kalten Wintermorgen serviert, schmeckt es auch älteren Kindern.
Rühren Sie pro Portion 1 Eßlöffel eines Vitamin-C-reichen Safts (Orangensaft) unter den abgekühlten Brei, das verbessert die Eisenaufnahme aus dem Getreide!

2 getrocknete Aprikosen
400 ml Milch
40 g Haferflocken

1 große oder 2 kleine Birnen, geschält,
    ohne Kerngehäuse und in Stücke
    geschnitten

Die Aprikosen in Wasser weich dünsten (etwa 10 Minuten). Inzwischen in einem anderen Topf die Milch erhitzen, die Getreideflocken hineinrühren, zum Kochen bringen und unter Rühren 3–4 Minuten bei schwacher Hitze köcheln lassen, dann vom Herd nehmen. Die Birnen zu den Aprikosen geben, falls nötig noch etwas Wasser hinzufügen und das Obst noch mal 3 Minuten köcheln lassen. Zum Getreidebrei geben und vermischen. Für kleine Babys pürieren.

ERGIBT 2 PORTIONEN

Obstpüree mit Vanillegeschmack

Vanilleschote im Obst mitzudünsten ist eine gute Möglichkeit, die natürliche Süße im Obstpüree zu verstärken. Anstelle von Pfirsich können Sie auch eine weiche, süße Birne verwenden.

1 Apfel, geschält, ohne Kerngehäuse und in
    Stücke geschnitten
2 Pflaumen, geschält und kleingeschnitten
1 kleines Stück Vanilleschote oder
    1 Messerspitze Naturvanille
1 Pfirsich, geschält und in Scheiben
    geschnitten

Apfel- und Pflaumenstückchen mit der Vanilleschote in etwas Wasser weich dünsten. Die Vanilleschote herausnehmen und das gedünstete Obst mit dem Pfirsich pürieren.

ERGIBT 3 PORTIONEN

Aschenputtels Kürbis

Diese Kombination zählt zu Scarletts Lieblingsgerichten – und es schmeckt so gut, daß man für die restliche Familie eine Suppe daraus kochen kann. Moschuskürbis ist dafür ebenfalls geeignet. Sie können diesen Gemüsebrei auch mit einem Kartoffelbrei mischen.

250 g Hokkaido-Kürbis, geschält und
    in Würfel geschnitten
50 g Weißes vom Lauch, in Scheiben
    geschnitten

50 ml Hühner- oder Gemüsebrühe
    (Seite 33 f.)
10 g Butter

Die Kürbis- und Lauchstückchen in einen Topf geben, mit etwa 1 Eßlöffel Wasser bedecken und in 10 Minuten weich dünsten. Dann die Brühe hinzufügen und das Gemüse weitere 2 – 3 Minuten dünsten. Mit der Gabel zerdrücken oder pürieren. Die Butter unter den heißen Brei rühren.

ERGIBT 3 – 4 PORTIONEN

Butternußkürbis

Der birnenförmige Butternußkürbis ist außen beige und innen orange. Er besitzt eine butterartige Konsistenz und einen nußartigen Geschmack. Mit verschiedenen Gemüse- oder Obstsorten herzhaft oder süß zubereitet, ist er bei Babys und Kindern sehr beliebt. Die folgende Kombination kommt bei meiner Tochter sehr gut an, wenn es frische Pfirsiche gibt. (Weitere Ideen für beliebte Kombinationen auf Seite 31 f.)

1 kleiner Butternußkürbis oder
    Eichelkürbis (Acorn Squash)
25 g zerlassene Butter oder
    Pflanzenöl

$^1/_4$ TL Zimt (nach Geschmack)
2 Pfirsiche, geschält
Milch, Brühe oder Wasser zum
    Pürieren

Den Backofen auf 180°C vorheizen, den Kürbis halbieren, die Kerne herauslöffeln, das Fruchtfleisch mit der zerlassenen Butter oder dem Öl bestreichen und gegebenenfalls mit Zimt bestreuen. Im Ofen weich backen (etwa 50 Minuten). Inzwischen die Pfirsiche etwa 6 Minuten dämpfen. Das Kürbisfleisch mit den Pfirsichen vermischen und soviel Flüssigkeit wie nötig dazugeben, damit ein glatter Brei entsteht.

ERGIBT 8 PORTIONEN

Brokkoli-Trio

Kartoffeln liefern viele Vitamine und Mineralstoffe und sollten häufig auf dem Kinderteller zu finden sein. Sie eignen sich gut zum Andicken von Gemüsebreien. Ebenfalls zum Andicken geeignet und zudem eine gute Eisenquelle ist ein durch ein Sieb gestrichenes, hartgekochtes Eigelb.

250 g Kartoffeln, geschält und klein-
geschnitten
50 g Brokkoliröschen

1 mittelgroße Zucchini, in Scheiben
geschnitten
1–2 EL warme Milch
20 g Butter oder Pflanzenöl

Die Kartoffelstückchen in etwa 20 Minuten gar kochen. Brokkoli und Zucchini in einem anderen Topf in etwa 12–15 Minuten kochen. Wenn Sie einen Dampfkochtopf besitzen, können Sie alle Gemüsesorten gleichzeitig dämpfen: Stellen Sie das mit Kartoffeln gefüllte Sieb nach unten, Brokkoli und Zucchini obendrauf, und dämpfen Sie alles zusammen etwa 12 Minuten. Anschließend Gemüse und Kartoffeln pürieren. Zum Schluß die Milch und das Fett unter den Brei rühren.

ERGIBT 4 PORTIONEN

Süßes Erbsenpüree

Die geschmorten Zwiebeln und Erbsen geben diesem Püree einen natürlich süßen Geschmack, den Babys (ab dem 5. Monat) gern mögen.

1 EL gehackte Zwiebel
15 g Butter oder Margarine
75 g Zucchini, in Scheiben geschnitten

75 g Tiefkühl-Erbsen
120 ml Hühner- oder Gemüsebrühe
(Seite 33 f.)

Die Zwiebel in der Butter oder Margarine weich dünsten, dann die Zucchini und die Erbsen hinzufügen, mit der Brühe ablöschen und etwa 4 Minuten (bis sie gar sind) dünsten. Durch ein Passiersieb streichen.

ERGIBT 3 PORTIONEN

Grünäugiges Monster

Ich nenne dieses Gericht »Grünäugiges Monster«, weil alle Zutaten grün sind. Die grünen Augen sind die Bohnenkerne. Flageolets eignen sich am besten, weil die Kerne so klein und zart sind.

100 g Flageolets
100 g Zucchini, in Scheiben geschnitten

2 EL Apfelsaft
1 EL Pflanzenöl

Bohnen und Zucchini weich dünsten oder dämpfen (etwa 6 Minuten). Den Apfelsaft hinzufügen und alles pürieren. Zum Schluß das Öl unter das Püree rühren.

ERGIBT 4 PORTIONEN

Hühnchen mit Wintergemüse

Ein leckeres, cremiges Püree.

100 g Hühnchenbrust, kleingeschnitten
½ EL gehackte Zwiebel
15 g Sellerie, kleingeschnitten
15 g Lauch, kleingeschnitten
1 mittelgroße Karotte, in Scheiben
  geschnitten

75 g Steckrübe, geschält und kleingeschnitten
1 mittelgroße Kartoffel, geschält und
  gewürfelt
2 EL Sahne

Hühnchenbrust und Gemüse mit 300 ml Wasser in einen Topf geben und zugedeckt etwa 20 Minuten dünsten, bis das Gemüse gar ist. Mit einem Teil der Kochflüssigkeit und der Sahne pürieren.

ERGIBT 6 PORTIONEN

Cremiges Hühnchenpüree mit Tomate

Eine gute Möglichkeit, Hühnchenreste zu einer leckeren Babymahlzeit zu ver-arbeiten. Mit einer Scheibe Avocado schmeckt es besonders gut.

50 g gekochtes Hühnchenfleisch,
  kleingeschnitten
50 ml warme Milch

1 Tomate, abgezogen, entkernt und
  in Stücke geschnitten

Alle Zutaten vermischen und pürieren.

ERGIBT 2 PORTIONEN

Hühnereintopf mit Gartengemüse

Meine Tochter Scarlett mochte diesen Eintopf sehr gern, als sie anfing, Geflügel zu essen. Die Zubereitung ist ganz einfach.

65 g Reis
300 ml Hühner- oder Gemüsebrühe
  (Seite 33 f.)
75 g Hühnchenbrust, klein-
  geschnitten

25 g Brokkoliröschen
50 g Karotten, in Scheiben
  geschnitten
125 ml Apfelsaft

Den Reis in der Brühe gar kochen. Wenn er halb gar ist, die anderen Zutaten hinzufügen. Weiterkochen, bis der Reis weich und das Gemüse gar, aber nicht zerkocht ist. Den Gemüsereis mit dem Apfelsaft pürieren. Wenn nötig noch etwas Brühe dazugeben, damit das Püree schön glatt wird.

ERGIBT 4 PORTIONEN

Apfel-Fleisch-Püree

Schweinefleisch hat durchaus seine Berechtigung in der Baby- und Kinderernährung, denn es enthält wichtige Vitamine und Mineralstoffe. Die Kombination mit Apfel gibt diesem Püree eine süß-säuerliche Note.

100 g Schweinefilet
250 ml Gemüsebrühe (Seite 34)

1 Apfel, geschält, ohne Kerngehäuse
und kleingeschnitten

Das Fleisch in der Brühe in etwa 20–30 Minuten weich kochen. In der
Zwischenzeit den Apfel in etwas Wasser gar dünsten. Das gekochte Fleisch
kleinschneiden und zusammen mit dem Apfel pürieren.

ERGIBT 3 PORTIONEN

Rindfleischtopf für Einsteiger

Karotte und Steckrübe verleihen diesem Gericht eine Süße, die Babys mögen.
Der Eintopf kann fein püriert werden und bietet eine gute Möglichkeit, das
Baby ab dem 6. Monat mit Fleisch bekannt zu machen.

180 g mageres Rindfleisch
500 g Karotten, in Scheiben
geschnitten
250 g Kartoffeln, geschält und
gewürfelt

100 g Steckrübe, geschält und
gewürfelt
60 g Butter oder Pflanzenöl

Das Fleisch mit dem Gemüse in wenig Wasser in 30–45 Minuten garen,
dann mit etwas Fleischbrühe pürieren. Zum Schluß das Fett ins Püree
geben. Sobald Ihr Baby Zähne hat, können Sie das Fleisch sehr kleinschneiden
und mit dem zerdrückten Gemüse mischen.

ERGIBT 3 PORTIONEN

Kalbfleisch mit Frühlingsgemüse

Eine Variante des Rindfleischtopfs. Die Zubereitung erfolgt genauso, nur die Zutaten sind zum Teil anders. Beide Fleischgerichte sind Fleisch-Gemüse-Breie, die Babys das ganze erste Lebensjahr hindurch schmecken und zweimal pro Woche angeboten werden sollten. Denken Sie daran, daß Babys gerne milde, für unseren Geschmack fade Speisen mögen.

180 g mageres Kalbfleisch
200 g Karotten, in Scheiben
  geschnitten
250 g Kartoffeln, geschält und
  gewürfelt

200 g Tiefkühl-Erbsen
100 g Fenchel, in Streifen geschnitten
1/2 EL gehackte Petersilie
6 EL Sahne

Das Fleisch mit dem Gemüse in wenig Wasser in 30–45 Minuten garen. Alle Zutaten mit etwas Fleischbrühe pürieren. Zum Schluß die Sahne und die Petersilie zum Püree geben und verrühren. Sobald Ihr Baby Zähne hat, können Sie das Fleisch ganz kleingeschnitten mit dem zerdrückten Gemüse mischen.

ERGIBT 6 PORTIONEN

10. BIS 12. MONAT

Jetzt läuft man leicht Gefahr, den Baby-brei weiterhin fein zu pürieren und das Kauvermögen des Babys zu unterschätzen. Sobald Ihr Baby jedoch ein paar Zähne hat, sollten Sie die Konsistenz der Nahrung variieren – Sie werden staunen, wieviel ein paar Zähnchen und kräftiges Zahnfleisch bewältigen können! Das Essen mit dem Baby wird jetzt leichter, weil es mehr und mehr am Familienessen teilnimmt: Es sitzt nicht nur mit am Tisch, sondern darf auch ab und zu probieren.

In diesem Alter interessieren sich Babys oft mehr dafür, wie sich das Essen anfühlt, nicht wie es schmeckt. Daher sind zwei Teller praktisch – einer fürs Baby und einer für Mama. Während sich Ihr Baby »den Spinat in die Haare schmiert«, können Sie ihm ein paar Löffel Brei in den Mund schieben. Hilfreich ist es auch, das Kind mit den Fingern essen zu lassen. Breiten Sie eine Wachstuchdecke unter den Hoch-stuhl aus, damit Sie heruntergefallenes Essen wiederverwerten können, und legen Sie dem Kind weiche, bunte Happen auf sein Tablett. Es wird mit Vergnügen die verschie-denen Stückchen greifen und in den Mund stecken. Auf diese Weise lernt es auch, die Hand-Augen-Koordination zu verbessern.

Sobald Ihr Kind Spielzeug festhalten kann, geben Sie ihm einen Babybecher. Wenn es daraus trinken kann, entfernen Sie den Deckel. Ein Becher mit Gewicht im Boden, der nicht umkippt, eignet sich am besten – trotzdem sollten Sie sich auf eine Kleckerei gefaßt machen!

Lassen Sie Ihr Kind beim Essen nie un-beaufsichtigt, und geben Sie ihm nichts, was im Hals steckenbleiben könnte, zum Beispiel ganze Weintrauben, Obst mit Kernen oder ganze Nüsse. Erdnüsse sind besonders gefährlich, weil sie genau die richtige Größe haben, um die Speiseröhre zu blockieren.

–GUT MIT DEN FINGERN ZU ESSEN–

• gedämpftes Gemüse, wie Kartoffeln, Zucchini, Blumenkohl oder Brokkoli
• Trockenobst
• Apfel, Birne, Gurke oder Karotte, grob geraspelt

- frisches Obst, wie Bananenstücke oder Orangenspalten ohne Häutchen
- Frühstücksflocken
- Cornflakes mit etwas Milch
- Käsestreifen
- Mini-Sandwiches, zum Beispiel mit zerdrückter Banane, Erdnußmus, Doppelrahm-Frischkäse
- gekochte Nudeln, zum Beispiel Farfalla oder Muscheln
- kleine Stückchen gekochtes Geflügel
- Fleisch- oder Geflügelbällchen
- Toaststreifen zum Eintunken in Gemüsebrei
- Reiswaffeln

MILCH

Wie bereits erläutert, gibt man im ersten Lebensjahr am besten Säuglingsmilchnahrung oder Muttermilch, weil sie Vitamine und Mineralstoffe enthalten. Wenn das Baby krabbelt und sowieso alles in den Mund steckt, braucht man die Fläschchen nicht mehr zu sterilisieren. Es reicht, wenn man sie sehr gründlich auswäscht, und zwar gleich nach Gebrauch. Achten Sie darauf, daß die Milch nicht im Fläschchen stehenbleibt und gerinnt. Wenn Sie eine Spülmaschine haben, spülen Sie das Fläschchen sehr gut aus, bevor Sie es hineinstellen. Ihr Kind sollte jetzt aus dem Becher trinken können, geben Sie ihm also vielleicht nur noch zum Schlafengehen die Flasche.

FRÜHSTÜCKSFLOCKEN

Sie können Ihr Kind jetzt an Frühstücksflocken für Erwachsene gewöhnen, zum Beispiel an zarte Haferflocken und Cornflakes. Probieren Sie auch Müsli, das Sie am besten längere Zeit in Milch einweichen. Doch Vorsicht: Aus der Portion Müsli kann leicht ein Schüsselchen Zucker werden, denn häufig sind Fertigmischungen Zucker oder Honig zugesetzt, aber auch Salz. Am besten sind Vollkornflocken ohne weitere Zusätze.

ZAHNEN

Auf etwas Kaltem und Hartem herumzukauen hilft gegen schmerzendes Zahnfleisch. Passen Sie auf, daß Ihr Baby keine Stücke abbeißen kann, damit es sich nicht verschluckt. Lassen Sie es beim Essen nie unbeaufsichtigt.
Gut zum Kauen geeignet:
- geputzte Stange Bleichsellerie
- gekühlte geschälte Karotte
- kühle Stücke Netz- oder Honigmelone
- halbgefrorene Banane (beim Auftauen kann das Kind sie ablutschen)
- getrocknete Apfelringe (das Baby kann den Finger durchstecken und sie festhalten, oder man kann sie am Hochstuhl festbinden, damit sie nicht hinunterfallen)
- ein Stück Brötchen
- eine Reiswaffel
- Feuchten Sie ein sauberes Tuch mit kal-

tem Wasser an, wringen Sie es aus, und lassen Sie das Baby darauf kauen – Scarlett hat mit neun Monaten immer auf ihren Kleidern herumgekaut, das ist also eine gute Alternative.

• Es gibt mit destilliertem Wasser gefüllte »Eisbeißringe« zu kaufen, die man im Kühlschrank kühlen kann – aber keinesfalls im Gefrierfach, denn dann kann das Baby Frostbeulen im Mund bekommen.

ZWIEBACK

Gekaufter Zwieback enthält zum Teil große Mengen Zucker. Es ist ganz leicht, Zwieback selbst herzustellen. Man schneidet eine dicke Scheibe Weizenvollkornbrot in drei Streifen und backt sie im vorgeheizten Backofen 15 Minuten bei 180°C. In einem luftdicht verschlossenen Behälter lassen sie sich 3–4 Tage aufbewahren. Wenn das Kind von seinen vergeblichen Eßversuchen mit dem Löffel frustriert ist, können Sie ihm Toaststreifen geben, die es in Gemüsepürees eintunken kann.

Kartoffel-Gemüse-Brei

Wenn Sie im Backofen Kartoffeln backen, können Sie gleich eine für das Baby mitbacken und dieses köstliche Gericht daraus zubereiten. Oder Sie nehmen eine gekochte Kartoffel und vermengen sie mit den übrigen Zutaten.

1 Kartoffel (gut 200 g)
100 g Blumenkohl- oder Brokkoliröschen
2 Tomaten, abgezogen, entkernt und
   kleingeschnitten

15 g Gouda, gerieben
1 Stückchen Butter
3–4 EL Milch

Die Kartoffel einstechen und im Ofen mitbacken. Inzwischen Blumenkohl oder Brokkoli weich dünsten. Die Kartoffel pellen und alle Zutaten damit vermischen. Im Mixer pürieren oder mit der Gabel zerdrücken.

ERGIBT 3 PORTIONEN

»Gemüse mag ich nicht«-Brei

Meiner Erfahrung nach gibt es zwei Gemüsesorten, die Kinder nicht so gern essen: Rosenkohl und Brokkoli. Nach einigem Experimentieren fand dieses Gericht schließlich allgemeinen Beifall.

50 g Rosenkohl	150 ml Milch
50 g Brokkoliröschen	1 Prise geriebene Muskatnuß
15 g Butter oder Margarine	(nach Geschmack)
1 EL Mehl	40 g Gouda, gerieben

D as Gemüse in wenig Wasser weich dünsten, aber nicht zerkochen lassen. Das Fett in einem Topf zerlassen, das Mehl hinzufügen und unter Rühren 1 Minute anschwitzen. Langsam die Milch dazugießen und dabei weiterrühren, bis die Soße andickt. Den Käse hineinrühren und mit der Muskatnuß abschmecken. Die Soße über das Gemüse gießen, alles pürieren oder für ältere Babys zerdrücken.

ERGIBT 3 PORTIONEN

Popeye-Püree

Eigelb und Spinat enthalten viel Eisen, das besser resorbiert wird, wenn Sie Ihrem Kind zu dieser Mahlzeit Vitamin-C-haltiges Obst (zum Beispiel Kiwi oder Orange) geben.

250 g frischer oder 100 g Tiefkühl-	175 ml Milch
Spinat	40 g Gouda, gerieben
25 g Butter oder Pflanzenöl	1 Prise geriebene Muskatnuß
1 EL Mehl	1 hartgekochtes Eigelb, feingehackt

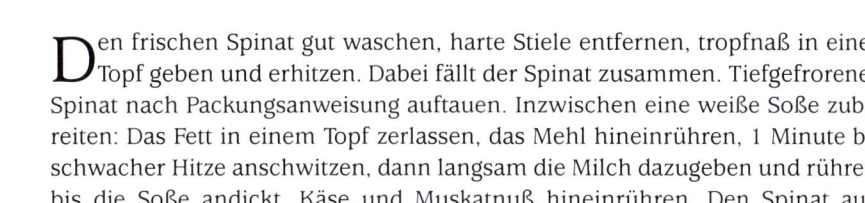

Den frischen Spinat gut waschen, harte Stiele entfernen, tropfnaß in einen Topf geben und erhitzen. Dabei fällt der Spinat zusammen. Tiefgefrorenen Spinat nach Packungsanweisung auftauen. Inzwischen eine weiße Soße zubereiten: Das Fett in einem Topf zerlassen, das Mehl hineinrühren, 1 Minute bei schwacher Hitze anschwitzen, dann langsam die Milch dazugeben und rühren, bis die Soße andickt. Käse und Muskatnuß hineinrühren. Den Spinat ausdrücken, mit der Soße vermischen und pürieren oder kleinschneiden. Zum Schluß das gehackte Eigelb hinzufügen.

ERGIBT 4 PORTIONEN

Püree aus Salat, Blumenkohl und Zucchini

Dieses Püree schmeckt so gut, daß ich immer viel davon zubereite. Etwas friere ich für das Baby ein, und aus dem Rest wird eine Suppe für die ganze Familie.

1 Zwiebel, geschält und gehackt
25 g Butter oder 1 EL Sonnen-
 blumenöl
3 Zucchini, in dünne Scheiben
 geschnitten
250 g Blumenkohlröschen

250 g Blattsalat, in Streifen
 geschnitten
1 l Hühner- oder Gemüsebrühe
 (Seite 33 f.)
300 ml Brühe für die Suppe

Die Zwiebel im Fett andünsten, bis sie weich, aber nicht gelb ist. Das Gemüse hinzufügen und bei schwacher Hitze etwa 4 Minuten garen lassen. Die Brühe darübergießen und weitere 15 Minuten bei schwacher Hitze kochen lassen. Etwa ein Viertel von der Brühe und dem Gemüse für das Baby aus dem Topf nehmen und im Mixer pürieren. Dann die Brühe für die Suppe in den Topf geben und alles zu einer köstlichen, cremigen Suppe verarbeiten.

ERGIBT 6 PORTIONEN FÜR BABYS, 3 PORTIONEN FÜR ERWACHSENE

Minestrone

Kleine Kinder fischen mit Vorliebe die verschiedenen Zutaten aus dieser Suppe. »Hast du eine Erbse?« fragt Lara, und Nicholas taucht den Löffel tief in seinen Teller. Der Reiz dieses Spiels hält lange an, und normalerweise verlangen sie einen zweiten Teller, um den Vorrat wieder aufzufüllen.

*1 große Zwiebel, geschält und in
  dünne Scheiben geschnitten
1 Knoblauchzehe, zerdrückt
Sonnenblumenöl zum Braten
2 mittelgroße Karotten,
  gewürfelt
1 Stange Bleichsellerie,
  gewürfelt
2 mittelgroße Kartoffeln,
  geschält und gewürfelt
  (knapp 300 g)*

*1 kleine Dose Tomaten
gut 2 l Hühner- oder Gemüsebrühe
  (Seite 33 f.)
100 g Zucchini, gewürfelt
75 g Sternchennudeln
100 g Tiefkühl-Erbsen
frisch gemahlener schwarzer
  Pfeffer
25 g Parmesankäse, frisch gerieben
  (nach Geschmack)*

Zwiebel und Knoblauch im Öl schmoren, bis die Zwiebeln weich sind, dann Karotten- und Selleriestückchen dazugeben und kurz mitdünsten. In einen großen Topf umfüllen. Kartoffeln, kleingeschnittene Tomaten mit Saft und Brühe hinzufügen und alles etwa 20 Minuten köcheln lassen. Zucchini und Nudeln dazugeben und weitere 10 Minuten garen. Zum Schluß die Erbsen dazugeben und weitere 5 Minuten kochen. Mit schwarzem Pfeffer abschmecken und nach Geschmack mit Parmesankäse bestreuen.

ERGIBT 20 PORTIONEN

Bohnen mit Tomaten und Erbsen

Weiße Bohnen sind ein ausgezeichneter Eiweißlieferant. Hier meine leckere Version, die Kinder und ältere Babys (ab 10 Monate) gerne mögen.

*100 g oder 1 kleine Dose getrocknete
  weiße Bohnen
1 mittelgroße Zwiebel, geschält und
  gehackt
25 g Butter oder Pflanzenöl
1¹/₂ EL Mehl*

*300 ml Milch
4 mittelgroße Tomaten, abgezogen,
  entkernt und kleingeschnitten
1 EL Tomatenmark
1 Lorbeerblatt
100 g Tiefkühl-Erbsen*

Getrocknete Bohnen über Nacht oder mindestens 5 Stunden in Wasser einweichen. Abgießen und mit frischem Wasser bedecken. Zum Kochen bringen. 2 Stunden kochen lassen und dabei darauf achten, daß genügend Wasser im Topf ist. Die Zwiebel im Fett glasig dünsten und das Mehl hineinrühren. 1 Minute rühren, dann langsam die Milch dazugießen. Die Soße zum Kochen bringen und die Hitze reduzieren. Tomaten, Tomatenmark und Lorbeerblatt dazugeben und 10 Minuten köcheln lassen. Inzwischen die Erbsen gar kochen. Die Bohnen abgießen, wenn sie gar sind (sie sollen ganz weich sein), das Lorbeerblatt aus der Tomatensoße fischen und Bohnen, Tomatensoße und Erbsen vermischen. Mit der Gabel zerdrücken oder pürieren.

ERGIBT 8 PORTIONEN

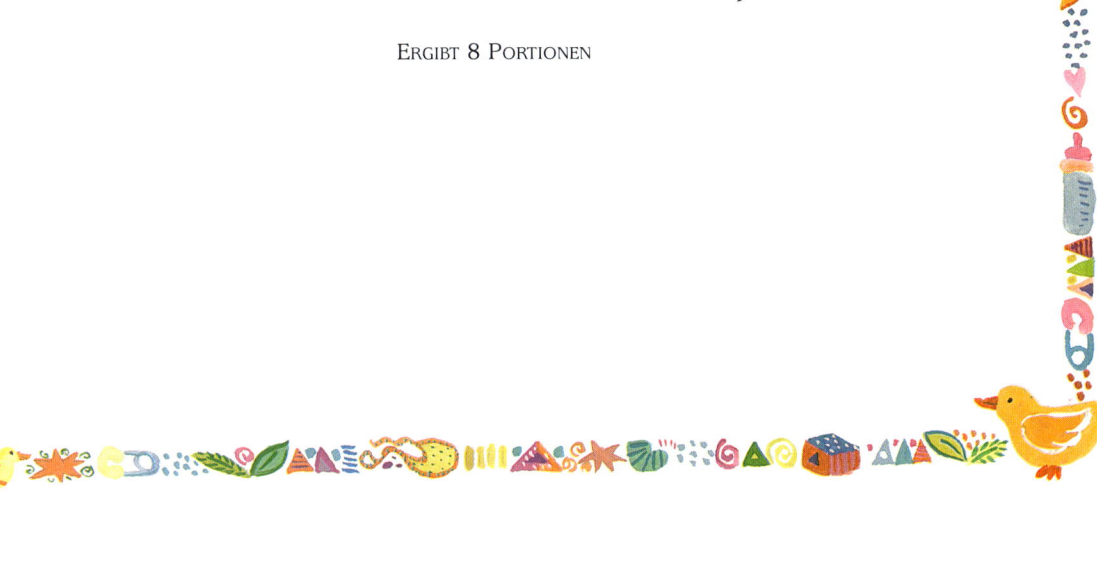

Hühnchen-Karotten-Reis

Ältere Babys und Kleinkinder werden dieses Essen mögen. Reis ist ausgesprochen reich an Vitaminen der B-Gruppe, die gerade für sie sehr wichtig sind. Verwenden Sie parboiled Vollkornreis, denn der enthält in der Schale außerdem noch das wertvolle Vitamin E, und er ist in 20 Minuten gar! Wenn Sie bei dem Rezept das Hühnchenfleisch weglassen und nur Karottenreis zubereiten, bietet sich der Reis als Beilage zu Fisch und Fleisch für die ganze Familie an. Wenn Sie das Gericht für Erwachsene und Kinder über ein Jahr zubereiten, sollten Sie noch eine feingehackte Zwiebel mit dem Reis zusammen glasig dünsten.

Anstelle der Karottenraspel können Sie auch in Stückchen geschnittene Tomaten (ohne Haut und Kerne), Fenchel oder Kürbis verwenden.

20 g Pflanzenöl
250 g parboiled Vollkornreis
200 g Karotten, fein geraspelt

500 ml Hühnerbrühe (Seite 33)
200 g gekochte Hühnerbrust
4 EL Sahne

Das Öl in einem Topf erhitzen und den Reis dazugeben. So lange im Fett dünsten, bis er glasig ist. Nun die Karottenraspel und die Brühe hinzufügen. Zum Kochen bringen, den Topf zudecken und das Ganze etwa 20 Minuten bei schwacher Hitze garen lassen, bis alle Flüssigkeit aufgenommen ist. (Während der Garzeit nicht umrühren!) Inzwischen das gekochte Hühnchenfleisch in kleine Stückchen schneiden. Mit der Sahne unter den gegarten Reis rühren. Für Babys pürieren.

ERGIBT 4 PORTIONEN

Hirse mit Karotten und Brokkoli

Hirse ist reich an Eisen und deshalb ein Getreide, das vor allem bei vegetarischer Ernährungsweise öfter verwendet werden sollte. Reichen Sie Orangensaft als Getränk dazu. Das Eisen wird dann besser aufgenommen. Oder rühren Sie etwas Orangensaft unter den fertigen Brei. Für Babys ab dem fünften Monat kann man Hirseflocken verwenden, die allerdings mit fertigem Karottenmus kurz aufgekocht werden müssen. Anschließend Pflanzenöl unter den Brei ziehen.

Hier finden Sie einen Vorschlag für ein herzhaftes Gericht, das für Kinder und Erwachsene auch als köstliche Beilage zu Fisch und Fleisch dienen kann. Hirse läßt sich auch als sättigende Nachspeise oder süßes Hauptgericht mit Früchten zubereiten.

20 g Pflanzenöl	*120 g Hirse*
250 g Karotten, gewürfelt	*500 ml Gemüsebrühe (Seite 34)*
250 g Brokkoliröschen	*4 EL Sahne*

Das Öl in einem Topf erhitzen, Karotten und Brokkoli darin andünsten. Die Hirse in den Topf streuen und kurz in dem Gemüse wenden. Die Gemüsebrühe dazugießen, aufkochen und bei schwacher Hitze in etwa 20 Minuten quellen lassen. Zum Schluß die Sahne dazugeben und alles verrühren.

ERGIBT 4 PORTIONEN

Pasta Primavera

Dieses Nudelgericht wird von meiner ganzen Familie sehr geschätzt. Man kann die Soße im voraus zubereiten, in kleinen Portionen einfrieren und dann nach Bedarf verwenden. Wenn Ihr Kind ein hartnäckiger Gemüsemuffel ist, verstecken Sie das Gemüse einfach, indem Sie die Soße pürieren. Welche Nudeln Sie verwenden, hängt davon ab, wie gut das Baby schon essen kann.

2 EL Olivenöl
1 kleine Zwiebel, geschält und feinge-
   hackt
1 kleine Knoblauchzehe, feingehackt
1/2 rote oder gelbe Paprikaschote,
   entkernt und kleingeschnitten
2 mittelgroße Zucchini, geschält und
   in Scheiben geschnitten
100 g Champignons, in Scheiben
   geschnitten (nach Belieben)

250 g frische Tomaten, abgezogen,
   entkernt und kleingeschnitten, oder
   1 große Dose Tomaten, abgetropft
   und kleingeschnitten
1 EL Tomatenmark
1 EL Milch
etwas getrocknetes Basilikum oder
   Oregano (nach Belieben)
100 g Nudeln
etwas geriebener Parmesankäse
   (nach Belieben)

Zwiebel und Knoblauch 4 Minuten im Olivenöl schmoren, dann die gehackten Paprikaschoten dazugeben und weitere 3–4 Minuten garen. Die übrigen Zutaten hinzufügen und etwa 15 Minuten dünsten. Inzwischen die Nudeln gar kochen, abgießen und mit der Soße vermischen, sobald diese fertig ist. Vor dem Servieren nach Geschmack mit Parmesan bestreuen.

ERGIBT 5 PORTIONEN

Laras Nudelsoße mit Tomaten und Käse

Wenn Ihr Baby oder Kleinkind, so wie meine Tochter Lara, ein kleines Nudel-monster ist, dann ist diese Soße eine Möglichkeit, das Kind auch gut mit Kalzium zu versorgen, das für gesunde Knochen und Zähne so wichtig ist.

1 große Zwiebel, geschält und in
* dünne Scheiben geschnitten*
2 EL Pflanzenöl
1 kleine Dose Tomaten
1 EL Tomatenmark
¹/₂ TL gemischte Kräuter

¹/₂ TL Oregano
frisch gemahlener schwarzer
* Pfeffer*
75 g mittelalter Gouda oder
* Greyerzer, gerieben*
75 g Mozzarella, kleingehackt

Die Zwiebel im Öl 15–20 Minuten unter Rühren schmoren, bis sie weich, aber nicht braun ist. Das gibt einen köstlichen, leicht süßlichen Ge-schmack. Tomaten, Tomatenmark, Kräuter und Pfeffer dazugeben und etwa 10 Minuten dünsten. Vom Herd nehmen und den Käse hineinrühren, bis er geschmolzen ist. Im Mixer zu Soße pürieren.

ERGIBT 8 PORTIONEN SOSSE

Leckere Hühnchenstreifen

Dieses Gericht läßt sich gut mit den Fingern essen. Die Streifen sind schön weich, so daß Ihr Baby sie gut kauen kann.

180 g Hühnerbrustfilet, in etwa 1 cm
dicke Streifen geschnitten
50 g kleine Champignons, in Scheiben
geschnitten
100 g Zucchini, gewürfelt

100 g Karotten, gewürfelt
175 ml Hühner- oder Gemüsebrühe
(Seite 33 f.)
2 TL Tomatenmark
2 EL Pflanzenöl

Die Fleischstreifen mit dem Gemüse in der Brühe etwa 20 Minuten köcheln lassen, bis die Zutaten weich sind. Dann das Tomatenmark und das Öl hinzufügen und verrühren. Ältere Babys können die einzelnen Zutaten mit den Fingern essen, für kleinere Babys sollten die Zutaten püriert oder mit der Gabel zerdrückt werden.

ERGIBT 6 PORTIONEN

Mein erstes Hackfleischgericht

Hackfleisch ist bei Babys und Kleinkindern besonders beliebt. Die weiche Konsistenz fordert keine Höchstleistung beim Kauen. Kartoffeln geben diesem Gericht eine sahnige Konsistenz und das Gemüse viel Geschmack.

750 g Kartoffeln, geschält und
gewürfelt
30 g Butter oder Pflanzenöl
3 EL Milch
1/2 Stange Bleichsellerie, klein-
geschnitten

1 mittelgroße Karotte, klein-
geschnitten
Pflanzenöl zum Braten
150 g Rinderhack
1 Tomate, abgezogen, entkernt und
kleingeschnitten
125 ml Hühnerbrühe (Seite 33)

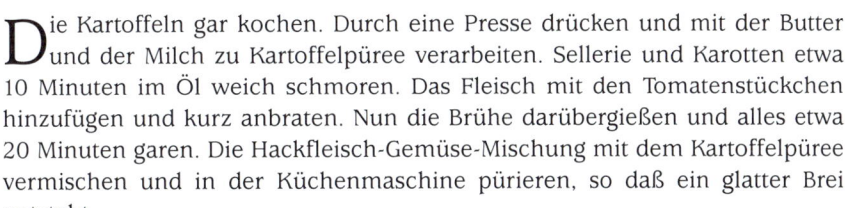

Die Kartoffeln gar kochen. Durch eine Presse drücken und mit der Butter und der Milch zu Kartoffelpüree verarbeiten. Sellerie und Karotten etwa 10 Minuten im Öl weich schmoren. Das Fleisch mit den Tomatenstückchen hinzufügen und kurz anbraten. Nun die Brühe darübergießen und alles etwa 20 Minuten garen. Die Hackfleisch-Gemüse-Mischung mit dem Kartoffelpüree vermischen und in der Küchenmaschine pürieren, so daß ein glatter Brei entsteht.

ERGIBT 7 PORTIONEN

—— *Meine ersten Spaghetti Bolognese* ——

Eine gute Möglichkeit, um Ihr Baby an Fleisch zu gewöhnen, ist eine köstliche Nudelsoße. Ich koche die Nudeln, bis sie schön weich sind, und zerkleinere das Hackfleisch noch einmal in der Küchenmaschine. Scarlett, meine einjährige Tochter, saugt mit Vergnügen schlürfend die Spaghetti in den Mund.

50 g Spaghetti
1/2 rote Paprikaschote, entkernt und
   kleingeschnitten
Pflanzenöl zum Braten
100 g Rinderhack

1/2 TL Tomatenmark
2 mittelgroße Tomaten, abgezogen,
   entkernt und kleingeschnitten
125 ml Hühner- oder Gemüsebrühe
   (Seite 33 f.)

Die Nudeln kochen und kleinschneiden. Inzwischen die Paprikastückchen im Öl weich dünsten. Das Fleisch hinzufügen und anbraten. Tomatenmark, Tomaten und Brühe dazugeben und alles etwa 10 Minuten köcheln lassen. In der Küchenmaschine zerkleinern und diese Soße über die Nudeln gießen.

ERGIBT 3 PORTIONEN

Hühnchenrisotto

Eine andere Möglichkeit, Hühnchen so zuzubereiten, daß Babys sich daran gewöhnen und Kinder es mögen.

50 g Naturreis
½ rote Paprikaschote, entkernt und kleingeschnitten
Pflanzenöl zum Braten
60 g Hühnerbrustfilet, kleingeschnitten

50 ml Hühner- oder Gemüsebrühe (Seite 33 f.)
50 ml Apfelsaft
50 g Tiefkühl-Erbsen
1 hartgekochtes Eigelb, gehackt

Den Reis gar kochen. Inzwischen die Paprikastückchen in etwas Öl weich dünsten, dann die Hühnerstückchen hinzufügen und noch 1 Minute garen. Brühe, Apfelsaft und Erbsen dazugeben und weitere 5–7 Minuten köcheln lassen. Die Hühnchen-Gemüse-Mischung unter den fertigen Reis rühren und zum Schluß das gehackte Eigelb darüberstreuen.

ERGIBT 2 PORTIONEN

Obstquark ✳

Quark ist cremig, und das mögen Babys gern. Mit Obst gemischt ergibt er eine köstliche Mahlzeit für Babys.

100 g Magerquark
100 ml Vollmilch
1 TL Öl

20 g Vollkornflocken
80 g Obst nach Wahl, zerkleinert

Alle Zutaten gut vermischen.

ERGIBT 1 PORTION

Obstkompott

Dieses Kompott ist ideal, wenn Ihr Kind unter Verstopfung leidet. Ich mische gern gedörrtes und frisches Obst. Schmeckt gut mit einem Vollmilch-Getreide-brei oder mit Quark bzw. Naturjoghurt.

100 g gemischtes Trockenobst
1 kleine Zimtstange (nach Geschmack)
2 Äpfel, geschält, ohne Kerngehäuse
  und kleingeschnitten

2 Birnen, geschält, ohne Kerngehäuse
  und kleingeschnitten

Das Trockenobst und, je nach Geschmack, die Zimtstange in einen Topf geben und mit Wasser bedeckt etwa 10 Minuten dünsten. Dann das frische Obst hinzufügen und weitere 4 Minuten garen. Die Zimtstange heraus-nehmen und das Obst pürieren.

ERGIBT 6 PORTIONEN

Cremiges Apfeldessert ✳

Die Zubereitung dieser leckeren Nachspeise dauert nur ein paar Minuten. Der Zitronensaft verhindert, daß die Äpfel braun werden.

*1 Apfel, geschält, ohne Kerngehäuse
   und feingerieben*
*1 Spritzer Zitronensaft
   (nach Geschmack)*

4 gehackte Rosinen
2 EL Naturjoghurt
1 EL Apfelsaft

Einfach alle Zutaten verrühren.

ERGIBT 2 PORTIONEN

KLEINKINDER

ES GEHT WEITER

»I, das eß' ich nicht!« – fast jede Mutter kennt diese Ausbrüche. Sie haben Glück, wenn Ihr Kleinkind gern ißt und Sie bei den Mahlzeiten nie auf Sturheit, Desinteresse oder übertriebene Pingeligkeit stoßen. Viele Eltern machen die Erfahrung, daß ihr Kind bis zum Alter von etwa einem Jahr ein guter Esser ist und im Hochstuhl die bevorstehenden Köstlichkeiten kaum erwarten kann. Doch plötzlich tritt der kleine Vielfraß fast in den Hungerstreik! Wenn man gerade Laufen gelernt hat, ist das Leben einfach zu interessant, als daß man Zeit auf Essen verschwenden könnte, und die Drohung, daß der Kleine nicht »so groß und stark wie Papa« werden könnte, wenn er nicht ißt, hilft hier auch nicht weiter.

Ist das Kind älter als ein Jahr, nimmt es bei weitem nicht mehr so schnell an Körpergewicht zu. Im ersten Lebensjahr kann ein Kind bis zu neun Kilogramm zunehmen, im zweiten normalerweise nur noch etwa zwei Kilogramm. Der pummelige Babykörper streckt sich und wird schlank, wenn das Kind sich mehr bewegt. Mit dem Gesundheitszustand hat die geringere Ge-

wichtszunahme wenig zu tun. Das Energieniveau und die Lebensfreude des Kindes sind viel bessere Anhaltspunkte für seine Gesundheit. Und viel Aufhebens davon zu machen, daß ein Kind nicht ißt, verstärkt nur seinen Widerstand.

Die meisten Kleinkinder beginnen in diesem Alter, ihre neuentdeckte Selbständigkeit durchzusetzen, und Eltern und Kinder können sich in harten Willenskämpfen gegenseitig zur Verzweiflung bringen. Das Essen ist ein beliebter Anlaß für solche Gefechte, und schließlich sind die Eltern oft so genervt, daß sie sich freuen, wenn das Kind überhaupt irgend etwas ißt. Auf diese Weise halten dann häufig Chips, Kekse und Schokolade Einzug in den täglichen Speiseplan. Doch das muß keineswegs so sein. Verzweifeln Sie nicht – hier sind ein paar Tips, wie Sie vorgehen können:

• NACHGEBEN. Machen Sie sich klar, daß ein gesundes Kind noch nie absichtlich verhungert ist. Wenn Ihr Kind nicht essen will, brechen Sie Ihre Fütterungsversuche einfach ab. Lassen Sie einen Teller mit etwas gutem, gesundem Essen in seiner

Reichweite stehen. Wenn es Hunger hat, wird es davon essen, ohne daß Sie es dazu überreden müssen.

• DAS VORBILD GLEICHALTRIGER. Besuchen Sie mit Ihrem Kind eine Freundin, die ein gleichaltriges Kind hat, und Sie werden vielleicht feststellen, daß Ihr Kind alles ißt, was man ihm anbietet.

• IN DER KÜCHE »HELFEN«. Kinder probieren und essen Gerichte, bei deren Zubereitung sie »geholfen« haben, viel lieber als Mahlzeiten, die ihnen einfach vorgesetzt werden. Manchmal weckt schon das Auspacken der Einkaufstasche Neugier auf die unbekannten Nahrungsmittel.

• DEN SCHAUPLATZ WECHSELN. Die Mahlzeit in den Garten zu verlegen oder einfach auf dem Küchenfußboden ein Picknick anzurichten kann Wunder wirken.

• DAS KIND ENTSCHEIDEN LASSEN. Ein sehr häufiger Grund für Streit beim Essen ist der, daß Kinder ihre Selbständigkeit beweisen wollen. Versuchen Sie es mit Verhandeln – geben Sie Ihrem Kind drei Gemüsesorten, und lassen Sie es zwei davon aussuchen.

• SCHÖN AUSSEHEN UND SCHÖN KLINGEN. Nehmen Sie sich etwas Zeit, und richten Sie das Essen verlockend an (siehe »Fischförmige Lachsplätzchen« oder »Lustige Clownsgesichterburger« Seite 87 und 156). Oder bereiten Sie für das Kind eine eigene kleine Portion zu, zum Beispiel Hackfleischauflauf in einem kleinen Auflaufförmchen. Den Gerichten lustige Namen zu geben hilft ebenfalls: »Schneewittchen-Müsli«

oder »Snoopys Minestrone«. Ihre Vierjährige wird das Gericht viel lieber essen, wenn sie es mit ihrem Lieblingsmärchen oder einer Comicfigur verbinden kann.

• MIT DEM KIND ZUSAMMEN ESSEN. Eine Weile macht es Ihnen vielleicht Spaß, mit der Gabel Flugzeug zu spielen oder die einzelnen Zutaten nach den Figuren in der Sesamstraße zu benennen. Doch wenn Sie das Essen derart zum Spiel machen, fordert das Kind diesen Service vielleicht ständig, auch wenn Ihnen schon längst die Geduld ausgegangen ist. – Kinder ahmen gerne nach, daher sollten Sie mit dem Kind zusammen essen, denn wenn es Sie futtern sieht ...

• KOMBINIEREN. Mischen Sie unbekannte Lebensmittel mit Lieblingsgerichten. Obst macht das Gericht oft verlockender (wie in meinem Rezept für »Hühnerbällchen mit Äpfeln und Zucchini«, Seite 119).

• EXOTISCHE GERICHTE. Fremde Gerichte sind meistens voller gesunder Zutaten. In diesem Buch finden Sie einige köstliche Rezepte der ausländischen Küche, wie das indonesische Reisgericht »Nasi Goreng« (Seite 96). Wenn Sie das nächste Mal kleine Gäste haben, bauen Sie eine Probiertafel mit ungewöhnlichen Gerichten auf, wie Taramasalata (Fischrogenpüree), Humus (Kichererbsenpüree) oder Satay-Huhn (Hühnerspießchen in Erdnußsoße).

• FAST FOOD. Nicht alle Schnellgerichte sind ungesund. Im Kapitel »Gesundes Junk food« (Seite 149) finden Sie Rezepte aus Zutaten, die oft vorrätig sind und mit denen sich leckere, einfache Mahlzeiten zubereiten lassen, die dem kindlichen Wunsch nach Junk food entgegenkommen.

AUSWÄRTS ESSEN

Warum sind Kinderteller in Restaurants so wenig auf die Bedürfnisse des im Wachstum befindlichen Körpers abgestimmt? Haben Sie schon einmal eine Speisekarte für Kinder gesehen, auf der nicht Würstchen mit Pommes frites und Ketchup und als Nachspeise Eis mit zuckersüßer Soße steht? Wenn man beim Küchenchef nachfragt, bekommt man zu hören, daß Kinder so etwas eben gern essen. Es ist ein Teufelskreis. Kinder gewöhnen sich an industriell verarbeitete, fette Nahrung mit künstlichen Geschmacks- und Farbstoffen und weigern sich dann, naturbelassene Lebensmittel zu essen oder auch nur zu probieren. Besser ist es, wenn Eltern ein einfaches Gericht für Erwachsene wählen, ein Nudelgericht etwa, und das Kind bei sich mitessen lassen. Der Teller von Mama oder Papa ist sowieso immer verlockender!

GESUNDE SNACKS

Erwachsene sind darauf eingestellt, drei Mahlzeiten am Tag zu sich zu nehmen, ob sie nun hungrig sind oder nicht. Kleinkinder sind da vernünftiger. Sie lassen sich auch durch noch so gutes Zureden nicht zum Essen bewegen, wenn sie keinen Hunger haben. Ich habe viele Ideen für gesunde Snacks zusammengestellt, weil kleine Kinder ihren Nährstoffbedarf oft vor allem zwischen den Hauptmahlzeiten decken. Wenn Sie Zwischenmahlzeiten auf Obst und rohes Gemüse beschränken, wird Ihr Kind zu den Hauptmahlzeiten bald einen gesunden Appetit haben.

WENIG SALZ

Verwenden Sie wenig Salz, wenn Sie für Kinder kochen, und salzen Sie nie bei Tisch nach. Würzen Sie statt dessen mit Kräutern und Gewürzen. Untersuchungen haben gezeigt, daß ein hoher Salzverbrauch bei Erwachsenen zu Hypertonie führen kann.

FERTIG ZUM FRÜHSTÜCK

Für die Hersteller von Frühstücksflocken ist das Frühstück ein Bombengeschäft. Sie erzählen uns, daß Kinder, die gut frühstücken, in der Schule besser sind. Und auch wenn es manchmal zu Machtkämpfen führt, versuchen wir alle, unsere Kinder mit etwas Nahrhaftem im Bauch in die Schule oder in den Kindergarten zu schicken. Die Hersteller von Frühstücksmüslis und anderen Fertiggetreidezubereitungen scheinen jedoch gelegentlich gesunde Ernährung mit gesundem Profit zu verwechseln. Reine Frühstücksflocken enthalten überhaupt keinen Zucker, während die Mischungen oder Zubereitungen fast bis zur Hälfte aus Zucker bestehen können.

Diese stark verarbeiteten Getreideprodukte haben nur noch so wenig Nährstoffe, daß viele Vitamine und Mineralstoffe zugefügt werden müssen, um alles, was bei der Verarbeitung verlorengegangen ist, zu ersetzen. Viele Mütter lesen die langen Listen von Nährstoffen auf den Packungen und sind überzeugt, daß diese gezuckerten, mit Vitaminen angereicherten Produkte gut für ihre Kinder sind. Die Kinder ihrerseits gewöhnen sich an die bunten Packungen, die beigelegten Plastikfiguren und Bastelbögen und den süßen Geschmack und wollen nichts anderes mehr essen.

Es gibt viele nahrhafte Getreideprodukte, mit denen man köstliche Gerichte herstellen kann. Weizenkeime sind besonders gut. Man kann sie über Naturjoghurt mit frischem Obst und etwas Honig streuen. Aus Haferflocken, Weizenkeimen, frischem und getrocknetem Obst, Kokosraspel und geriebenen oder gehackten Nüssen kann man leicht leckere Müslis zubereiten. Man kann sie mit Milch, Naturjoghurt oder Obstsaft mischen und wenn nötig mit etwas Honig süßen. Ich habe hier zwei meiner Lieblingsrezepte aufgeführt, aber die Möglichkeiten sind endlos, je nachdem, welches Obst es gerade gibt. Wenn wir unsere Kinder bereits früh daran gewöhnen, gesundes Vollkornmüsli zu essen, werden sie später hoffentlich die widerlich süßen, speziell für Kinder hergestellten Produkte ablehnen.

TIPS FÜR EIN
BESSERES FRÜHSTÜCK

• Mini-Brötchen oder Küchlein sind zum Frühstück ideal. Sie können viele gesunde Köstlichkeiten hineinbacken. Am besten backen Sie die Brötchen oder Küchlein am Vortag oder frieren sie ein und tauen sie jeweils nach Bedarf auf (Rezepte auf den Seiten 74, 128, 136).

• Wenn Ihr Kind ein schlechter Esser ist, beim Frühstück aber normalerweise den größten Hunger hat, bereiten Sie ihm ein warmes Frühstück, zum Beispiel ein Gemüseomelett, oder wärmen Sie ihm sogar die Reste vom Vortag auf.

• Kombinieren Sie Frühstücksflocken mit frischem Obst, und lassen Sie Ihr Kind sein Müsli selbst zusammenstellen. Nicholas mischt sich sein Müsli zum Beispiel aus Cornflakes, Frühstücksflocken, Rosinen und kleingeschnittener Banane.

• Statt Marmelade können Sie einen Brotaufstrich herstellen, indem Sie Obstpüree aus frischem Obst oder Trockenobst (Seite 30) mit Doppelrahm-Frischkäse, Hüttenkäse oder Quark mischen.

• Wenn Ihr Kind Milch pur nicht mag, können Sie es mit Kakao probieren oder auch mit einer Mischung von 1 Eßlöffel Trinkschokolade, 125 ml heißer Milch, 1 kleinen Banane und 2 Teelöffeln Erdnuß- oder Mandelmus. Als besondere Köstlichkeit kann man statt dessen kalte Milch nehmen und 1 Kugel Schokoladeneis hin-

zufügen. Rezepte für leckere Milchshakes: 1–2 große, entkernte Datteln, 1 Banane und 125 ml Milch; 200 g Erdbeerjoghurt, 1 Banane und 125 ml kalte Milch; oder Püree aus frischen Himbeeren, Erdbeeren oder anderem Obst in die Milch rühren.

• Gewöhnen Sie Ihr Kind daran, immer frisches Obst zum Frühstück zu essen. Bieten Sie mehrere Sorten an, und schneiden Sie daraus, wenn Sie die Zeit haben, interessante Formen.

• Kaufen Sie kleine, bunte Papiertragetaschen, und füllen Sie diese mit einer Mischung aus gesunden Getreideflocken – man kann sogar ein kleines Geschenk unten hineinlegen. Das Kind muß dann alle Flocken aufessen, bevor es das Geschenk bekommt!

• An kalten Wintermorgen können Sie Haferflocken in Milch aufkochen und kleingeschnittenes frisches Obst oder Erdnußmus und Rosinen hinzufügen.

• Gekochtes Trockenobst, mit frischem Obst und Naturjoghurt oder Quark gemischt und mit Getreideflocken bestreut, ergibt ein vollwertiges Frühstück.

• Lecker zum Frühstück sind »Arme Ritter«: Brotscheiben werden in eine Mischung aus geschlagenem Ei und Milch getaucht und in Butter gebraten. Wenn Sie morgens in Eile sind, können Sie mehrere Portionen im voraus zubereiten, dann kalt stellen oder einfrieren und auf dem Toaster oder im Backofen wieder aufwärmen.

Gesundes Obstmüsli Schweizer Art ✳

Nach so einem Frühstück ist man für einen Tag Skifahren in den Alpen ge-
rüstet. Es ist lecker und kann schon am Vorabend zubereitet werden. Sie
können, je nach Jahreszeit, dazu auch Erdbeeren, Pfirsiche oder anderes Obst
verwenden.

75 g Haferflocken
40 g geröstete Weizenkeime
250 ml Apfelsaft
2 EL Zitronensaft
1 großer Apfel, geschält und
*   geraspelt*
1 kleine Orange, in Filets geteilt und
*   kleingeschnitten*
6 Weintrauben (am besten blaue),
*   halbiert und entkernt*

1 kleine Banane, geschält und in
*   Scheiben geschnitten*
1 gehäufter EL Rosinen
2 EL feingehackte Haselnüsse (nach
*   Geschmack)*
2 EL Naturjoghurt
2 EL Sahne (nach Geschmack)
2 TL Honig

Haferflocken und Weizenkeime etwa 30 Minuten oder über Nacht im Apfelsaft einweichen. Den Zitronensaft über den geraspelten Apfel träufeln und
dann einfach alle Zutaten vermischen. Das Müsli mit Obst dekorieren.

ERGIBT 3 PORTIONEN

Bärenstarkes Bananenbrot

Dieses Brot ist herrlich saftig. Man kann es als Zwischenmahlzeit oder mit Butter bestrichen zum Frühstück servieren. Es eignet sich hervorragend zum Mitnehmen in den Kindergarten oder in die Schule.

100 g Butter oder Margarine	250 g Weizenvollkornmehl
100 g brauner Zucker	1 Päckchen Backpulver
1 Ei	1 TL gemahlener Zimt
400 g Bananen, zerdrückt	1 Prise Salz
3 EL Naturjoghurt	100 g Rosinen
½ TL Naturvanille	100 g Haselnüsse, gehackt

Den Backofen auf 180°C vorheizen und eine Kastenform von 28 cm Länge einfetten. Butter oder Margarine mit dem Zucker und dem Ei schaumig schlagen. Die zerdrückten Bananen, den Joghurt und die Vanille hinzufügen. Mehl, Backpulver, Zimt und Salz mischen und nach und nach unter die Bananenmischung rühren. Zum Schluß Rosinen und Nüsse unter den Teig heben. Etwa 55 Minuten backen, oder so lange, bis am Holzstäbchen, das man in die Kuchen sticht, kein Teig mehr hängenbleibt.

Gedünsteter Apfel mit Aprikosen und Datteln

Mit Trockenobst kann man Apfelmus wunderbar süßen. Dieses Obst-Trio hat einen herrlichen Geschmack und ist zum Frühstück genauso köstlich wie zum Nachtisch. Zur Abwechslung kann man es auch mit Quark, Naturjoghurt oder Vanillesoße servieren.

1 großer Kochapfel, geschält, ohne
Kerngehäuse und kleingeschnitten
3 große getrocknete Datteln, ohne
Schale und entkernt

4 getrocknete Aprikosen, klein-
geschnitten
6 EL Apfelsaft
4 EL Wasser

Apfelstückchen und Trockenobst mit dem Apfelsaft und dem Wasser in einen Topf geben und weich dünsten (15 – 20 Minuten).

ERGIBT 2 PORTIONEN

GEMÜSEVARIATIONEN

Auch Nicht-Vegetariern können vegetarische Gerichte gut schmecken. In diesem Teil finden Sie viele köstliche vegetarische Rezepte, die dazu beitragen werden, daß Ihr Kind Gemüse gerne ißt. Sie können auch Rezepte aus dem Kapitel für Babys übernehmen – zum Beispiel lassen sich »Aschenputtels Kürbis« (Seite 36) und »Püree aus Salat, Blumenkohl und Zucchini« (Seite 47) zu köstlichen Suppen verarbeiten. Eine Auswahl an rohem oder gedämpftem Gemüse, serviert mit einem Dip, der als Tiergesicht dekoriert ist, eignet sich ausgezeichnet für Geburtstagsfeste und kann verlockender sein als ein Teller mit Chips (Seite 130).

Meine Kinder essen sehr gern Salate aus Gemüse und Nudeln und picken begeistert die bunten Gemüse und die verschieden geformten Nudeln heraus. Ein weiteres Lieblingsgericht sind gefüllte Ofenkartoffeln. Man kann sie mit vielen gesunden Zutaten füllen, und sie sind, ebenso wie die Nudelsalate, ganz leicht zuzubereiten. Gemüsequiches lassen sich portionsweise einfrieren und dann nach Bedarf wieder auftauen. Bohnen und Linsen sind vielseitig verwendbar und gesund.

Je kürzer und kühler Gemüse gelagert wird, desto frischer und reicher an Nährstoffen bleibt es. Kaufen Sie besser kleinere Mengen erntefrisches Gemüse als große Mengen, die bei langer Lagerung ihre Vitamine verlieren. Interessant ist, daß tiefgefrorenes Gemüse manchmal »frischer« ist als frische Ware, weil es sofort nach der Ernte eingefroren wird. Obst und Gemüse sollte man nach Möglichkeit lose eingewickelt im Gemüsefach des Kühlschranks aufbewahren (nur Bananen in einer kühlen Speisekammer) und möglichst bald verbrauchen.

Wie die Tabelle zeigt, enthält tiefgefrorenes Gemüse, wenn es nicht zerkocht wird, fast so viele Vitamine wie Frischgemüse. Erbsen aus der Dose enthalten nach dem Kochen kaum noch Vitamin C. Um möglichst viele Nährstoffe zu erhalten, ist es am besten, das Gemüse zu dämpfen oder im Mikrowellenherd zu garen. Gekochter Brokkoli behält nur 35 Prozent seines Vitamin-C-Gehalts, gedämpfter oder in der

	Vitamin C pro 100 mg
Frische rohe Erbsen	24 mg
Frische Erbsen in Wasser gekocht	16 mg
ABER	
Tiefgefrorene Erbsen in Wasser gekocht	12 mg
Frische Erbsen, 4 Tage gelagert und dann gekocht	15 mg
UND	
Dosenerbsen nach dem Kochen	1 mg

Mikrowelle gegarter aber 72 Prozent. Obst und Gemüse sollten lieber gewaschen als geschält werden, weil der größte Teil der Vitamine direkt unter der Schale liegt. Außerdem sollte man Gemüse möglichst im Ganzen kochen. Kleine Stücke werden zwar schneller gar, aber je kleiner die Stücke, desto größer der Vitaminverlust.

Reissuppe mit Pilzen

Meine Tochter Lara liebt Champignons und Reis, daher habe ich in diesem Rezept beides kombiniert. Ich verwende lieber große Champignons, weil sie ein intensiveres Aroma haben als kleine.

1 Zwiebel, geschält und gehackt
50 g Butter oder Margarine
250 g große Champignons, in dünne
  Scheiben geschnitten
30 g Mehl
1¼ l Hühner- oder Gemüsebrühe
  (Seite 33 f.)

1 EL Naturreis
1 Lorbeerblatt
Salz und frisch gemahlener Pfeffer
2 EL Sahne
1 gehäufter EL Schnittlauch-
  röllchen

In einer tiefen Pfanne die Zwiebel im Fett glasig dünsten, dann die Pilze dazugeben und mit dem Deckel verschließen. Etwa 5 Minuten garen lassen. Das Mehl hineinrühren und die Brühe dazugießen, dann den Reis und das Lorbeerblatt hinzufügen, zum Kochen bringen und etwa 20 Minuten köcheln lassen. Mit etwas Salz und Pfeffer abschmecken. Die Sahne und die Schnittlauchröllchen hineinrühren. Vor dem Servieren das Lorbeerblatt entfernen.

ERGIBT 6 PORTIONEN

Leckere Tomatensuppe

Ein Teller leckere Tomatensuppe hat etwas sehr Anheimelndes und Wärmendes. Mit etwas gekochtem Reis und gewürfeltem Hühnerfleisch kann man die Suppe leicht in ein Hauptgericht verwandeln.

1 mittelgroße Zwiebel, geschält und
  in Ringe geschnitten
1 mittelgroße Karotte (gut 50 g),
  in Scheiben geschnitten
30 g Butter
30 g Mehl
gut 300 g frische Tomaten,
  abgezogen, entkernt und in
  Scheiben geschnitten

1 kleine Dose Tomaten
600 ml Hühner- oder Gemüsebrühe
  (Seite 33 f.)
1 Lorbeerblatt
1 TL Zucker
etwas Salz und frisch gemahlener
  schwarzer Pfeffer
4 EL Sahne

Zwiebelringe und Karottenscheiben in der Butter weich dünsten (etwa 6 Minuten). Das Mehl hinzufügen und verrühren. Die frischen Tomatenstückchen und die Dosentomaten mit der Brühe, dem Lorbeerblatt, dem Zucker und den Gewürzen dazugeben. Zum Kochen bringen und 20–30 Minuten köcheln lassen. Das Lorbeerblatt herausnehmen und die Suppe in der Küchenmaschine pürieren. Zum Schluß die Suppe mit der Sahne verfeinern.

ERGIBT 5 PORTIONEN

Zwiebelsuppe mit schwimmenden Sternen

Das Geheimnis einer guten Zwiebelsuppe besteht darin, die Zwiebeln langsam und lange zu kochen, damit sich der süße Geschmack entwickeln kann, den Kinder lieben. Die schwimmenden Sterne machen diese Suppe unwiderstehlich! Zum Andicken nehme ich lieber Kartoffeln als Mehl.

30 g Butter oder Margarine
500 g Zwiebeln, geschält und in
  dünne Scheiben geschnitten
1¹/₄ l Hühner- oder Gemüsebrühe
  (Seite 33 f.)
1 große Kartoffel, geschält und
  gewürfelt

6 Scheiben Vollkorntoast
Butter oder Margarine zum
  Bestreichen
6 Scheiben Greyerzer
etwas frisch gemahlener schwarzer
  Pfeffer

Das Fett in einem großen Schmortopf zerlassen und die Zwiebelscheiben darin wenden. Den Topf zudecken und die Zwiebeln bei schwacher Hitze 30–40 Minuten garen lassen. Die Zwiebeln sollen im eigenen Saft weich schmoren. Den Deckel abnehmen und die Zwiebeln bei starker Hitze unter gelegentlichem Rühren kochen, bis die Flüssigkeit verdampft ist und die Zwiebeln leicht gebräunt sind. Inzwischen die Brühe mit der Kartoffel in einem Topf zum Kochen bringen und etwa 10 Minuten kochen lassen, oder so lange, bis die Kartoffelwürfel weich sind. Brühe und Kartoffelwürfel im Mixer pürieren.

Die angedickte Brühe über die Zwiebeln gießen und ohne Deckel 20–30 Minuten köcheln lassen. Zum Schluß das Toastbrot mit Butter oder Margarine bestreichen und mit Greyerzer belegen. Mit einem Keksförmchen Sterne ausstechen und diese unter den Grill legen, bis der Käse geschmolzen ist. Die Suppe mit Pfeffer würzen und auf jeden Suppenteller einen Stern geben. (Man kann auch über jeden Teller einen Teelöffel geriebenen Käse streuen.)

ERGIBT 6 PORTIONEN

Chopped Cobb Salad ❋

Wir haben einmal zauberhafte Weihnachtsferien in Disneyworld in Florida verbracht. Dieser Salat ist die Spezialität im Restaurant The Brown Derby in den Metro Goldwyn Mayer-Filmstudios. Traditionell wird der Salat mit Blauschimmelkäse und Speck zubereitet. Ich verwende in meinem Rezept jedoch keinen Speck, weil er so fett ist. Anstelle von Blauschimmelkäse kann man einen anderen Käse nehmen, zum Beispiel Greyerzer. Auch das Geflügel kann man weglassen. Die Avocado sollte man erst kurz vor dem Servieren schneiden und zum Salat geben, sonst wird sie braun.

1 hartgekochtes Ei, feingehackt
25 g Roquefort
100 g Eisbergsalat, in Streifen
 geschnitten
75 g gekochte Pute oder Hühnerbrust
 (nach Geschmack), gewürfelt
1 EL Balsamico oder Rotweinessig

2 EL Olivenöl
1 Prise Zucker
1 EL Schnittlauchröllchen oder
 Frühlingszwiebelringe
Salz und frisch gemahlener
 schwarzer Pfeffer
1/2 Avocado, geschält und entkernt

Ei, Roquefort, Salat und gegebenenfalls das Geflügel in eine Schüssel geben. Für das Dressing Essig und Öl mit dem Schneebesen verquirlen, dann Zucker und Schnittlauch oder Frühlingszwiebel dazugeben und leicht mit Salz und Pfeffer würzen. Kurz vor dem Servieren die Avocadohälfte in Streifen schneiden und zum Salat geben. Zum Schluß alles mit dem Dressing übergießen.

ERGIBT 3 PORTIONEN

Gefüllte Kartoffeln ✳

Zusammen mit einem Salat oder rohem Gemüse mit Dip (Seite 130 f.) ergeben diese Kartoffeln eine köstliche Mahlzeit.

2 große Kartoffeln
Öl zum Bestreichen
Salz
2 EL Doppelrahm-Frischkäse
50 g Mozzarella, kleingehackt
25 g Parmesan, gerieben
25 g Gouda, gerieben

1 Tomate, abgezogen, entkernt und
  kleingeschnitten
2 Frühlingszwiebeln, feingehackt
Salz und frisch gemahlener
  schwarzer Pfeffer
etwas geriebener Gouda zum
  Bestreuen

Die Kartoffeln mit einer Gabel einstechen, rundum mit dem Öl bestreichen und mit etwas Salz bestreuen. Auf den Backofenrost legen und im vorgeheizten Backofen bei 200 °C so lange backen, bis sie gar sind (etwa $1^1/_4$ Stunden). Die Kartoffeln der Länge nach halbieren, vorsichtig das Innere in eine Schüssel löffeln und mit Käse, Tomate, Frühlingszwiebeln und Gewürzen vermischen.

Die Mischung wieder in die Kartoffelschalen füllen, mit geriebenem Käse bestreuen und goldbraun überbacken (etwa 10 – 15 Minuten).

ERGIBT 4 PORTIONEN

Zucchini-Kartoffel-Küchlein

Die Form und die Größe dieser Küchlein sind sehr reizvoll für Kinder. Sie sind außen knusprig und innen schön saftig. Nicholas nimmt sie sehr gern mit in den Kindergarten. Als Variante kann man auch 65 g geriebenen Gouda oder Greyerzer mit in den Teig geben.

3 mittelgroße Kartoffeln, geschält
  und gerieben
1 große oder 2 mittelgroße Zucchini
  (etwa 200 g), grob geraspelt
1 mittelgroße Zwiebel, grob geraspelt
1 Ei

2 EL Mehl
50 g zerlassene Butter oder
  Margarine
Salz und frisch gemahlener
  schwarzer Pfeffer

Überschüssige Flüssigkeit aus dem geriebenen Gemüse drücken und Ei, Mehl und Fett mit einem Kochlöffel daruntermischen. Leicht mit Salz und Pfeffer würzen. Die Mischung in ein Muffinblech (gibt's im Fachhandel) mit Papierförmchen geben (ohne die Papierförmchen klebt die Mischung am Blech fest). Im vorgeheizten Backofen auf der mittleren Schiene bei 180 °C etwa 35 Minuten knusprig goldbraun backen.

ERGIBT 10 KÜCHLEIN

Reis ist fein

50 g Naturreis
2 Eier, getrennt
1 EL zerlassene Butter oder Margarine
175 ml Milch
100 g Greyerzer, gerieben

Salz und frisch gemahlener
  schwarzer Pfeffer
2 mittelgroße Tomaten, in Scheiben
  geschnitten
1 gehäufter EL geriebener Parmesan

Den Reis nach der Packungsanweisung kochen. Die Eigelbe mit der Butter oder Margarine schaumig schlagen, Milch und Greyerzer hinzufügen und verrühren. Mit Salz und Pfeffer würzen. Die Mischung zum garen Reis geben und verrühren. Die Eiweiß steif schlagen und unter die Eigelb-Reis-Mischung heben. In eine gefettete Auflaufform füllen und mit den Tomatenscheiben belegen. Mit Parmesankäse bestreuen und im vorgeheizten Backofen bei 180°C etwa 30 Minuten backen.

ERGIBT 3 PORTIONEN

Sesam-Tofu-Streifen ❋

Tofu an sich schmeckt nach fast gar nichts, aber wenn man ihn in Marinade ziehen läßt, erhält er einen köstlichen Geschmack. Die knusprige Sesamhülle paßt auch gut zu weichem Tofu. Erschrecken Sie nicht, daß ich Sake oder Sherry verwende – der größte Teil der Marinade wird ja nicht mitgegessen, und der Alkohol verdunstet beim Kochen sowieso! Mit Nudeln und pfannen-gerührtem Gemüse serviert, ergeben die Tofustreifen eine vollwertige Haupt-mahlzeit.

300 g fester Tofu
2 EL Sojasoße
2 EL Sake oder trockener Sherry
   (nach Geschmack)
1 EL Honig

¼ kleine Zwiebel, geschält und
   gehackt
Vollkornmehl zum Wenden
Sesamsamen zum Wenden
Pflanzenöl zum Braten

Tofu aus der Packung nehmen, abspülen und in dominosteingroße Streifen schneiden. Sojasoße, Sake oder Sherry, Honig und Zwiebeln vermischen und den Tofu darin über Nacht oder mindestens 2 Stunden ziehen lassen. Kurz vor dem Essen die Tofustücke in einer Mischung aus Vollkornmehl und Sesam wenden und in heißem Öl knusprig braten (etwa 4 Minuten). Heiß oder kalt servieren.

ERGIBT 3 PORTIONEN

Zwiebel-Käse-Tomaten-Torte

Diese leckere Torte schmeckt heiß oder kalt. Sie kann portionsweise eingefroren und nach Bedarf im Backofen aufgebacken werden. Kinder essen die
Torte gerne als Zwischenmahlzeit im Kindergarten oder in der Schule. Sie können auch Tiefkühl-Mürbeteig (250 g) verwenden, wenn Sie den Teig nicht
selbst zubereiten möchten.

200 g Weizenvollkornmehl
1 Ei
150 g kalte Butter
1 EL feingeriebener Parmesankäse
1 Prise Salz
3 Zwiebeln, geschält und in Ringe
  geschnitten
1 EL Pflanzenöl

3 Eier
3 EL Milch oder Sahne
etwas geriebene Muskatnuß
Salz und frisch geriebener
  schwarzer Pfeffer
175 g mittelalter Gouda, gerieben
4 mittelgroße Tomaten, in dünne
  Scheiben geschnitten

Für den Teig Mehl in eine Schüssel geben, in die Mitte eine Mulde drücken
und das Ei hineingeben. Den Rand mit Butterflöckchen belegen und mit
dem Käse und der Prise Salz bestreuen. Alles zu einem glatten Teig verkneten,
in Frischhaltefolie wickeln und mindestens 30 Minuten im Kühlschrank ruhen
lassen.

Den Teig auf einem leicht bemehlten Brett ausrollen und eine gefettete
Form mit einem Durchmesser von 26 cm damit auslegen. Den Boden mit einer
Gabel einstechen.

Für den Belag die Zwiebeln im heißen Öl bei schwacher Hitze dünsten, bis
sie weich, aber noch nicht braun sind. Die Eier mit der Milch oder Sahne ver-
schlagen, mit Muskatnuß, Salz und Pfeffer abschmecken und den geriebenen
Käse in die Eiermilch bzw. -sahne hineinrühren. Die Zwiebelringe auf dem
Teigboden verteilen, die Käsemischung darübergießen und die Tomatenscheiben darauflegen. Die Torte im vorgeheizten Backofen etwa 30 Minuten bei
200°C backen, bis die Füllung vollständig gestockt ist.

ERGIBT 12 PORTIONEN

Tofu-Erdnußmus-Pfanne

Tofu enthält viel wertvolles Eiweiß und wenig Fett. Er ist sehr vielseitig verwendbar und läßt sich leicht kauen. Es gibt zwei Sorten: den weichen und den festen Tofu. Dieses leckere Gericht schmeckt meinen Kindern ausgezeichnet, und auch Erwachsene mögen es gern.

2 EL dunkle Sojasoße
2 EL feines Erdnußmus
1 TL brauner Zucker
50 g Fadennudeln
500 g fester Tofu, in 1 cm große
*   Würfel geschnitten*
Mehl zum Wenden
4 EL Sesam- oder Sonnenblumenöl
6 Frühlingszwiebeln, in dünne
*   Scheiben geschnitten*
100 g Chinakohl, in feine Streifen
*   geschnitten*
150 g Sojasprossen

Sojasoße, Erdnußmus und Zucker miteinander verrühren. Die Nudeln nach Packungsanweisung gar kochen und zur Seite stellen. Die Tofuwürfel im Mehl wenden. Im Wok oder in einer Pfanne 3 Eßlöffel Öl erhitzen und die Tofuwürfel darin rundum goldbraun braten (etwa 5 Minuten). Das restliche Öl in einer anderen Pfanne erhitzen, die Frühlingszwiebeln hinzufügen und 1 Minute darin anbraten, den Kohl und die Sojasprossen dazugeben und einige Minuten mitdünsten.

Tofuwürfel, Nudeln und Erdnußsoße zum Gemüse geben. Gut mischen und bei schwacher Hitze ein paar Minuten garen.

ERGIBT 4 PORTIONEN

Risotto

Die Zubereitung eines echten Risottos ist sehr zeitaufwendig, weil man während der Kochzeit etwa viermal Flüssigkeit zum Reis hinzugeben muß. Wer kleine Kinder zu betreuen hat, weiß nur zu gut, wie schnell ein Gericht mißlingen kann, wenn die Zubereitung viel Aufmerksamkeit und zeitlich genau abgestimmtes Vorgehen erfordert. Bei diesem Rezept wird die Flüssigkeit auf einmal zugegeben, und der Reis gart im zugedeckten Topf 40 Minuten in aller Ruhe vor sich hin. Die Reisgrundlage kann man durch alle möglichen Gemüse ergänzen – Lauch, Pilze, Paprika, Zucchini oder das Lieblingsgemüse Ihres Kindes einfach leicht anbraten und mit dem Parmesan dazugeben.

1 große Zwiebel, geschält und
  feingehackt
40 g Butter oder Margarine
250 g Natur-Rundkornreis
1–1^{1}/$_{4}$ l Hühner- oder Gemüsebrühe
  (Seite 33 f.)

200 g Tiefkühl-Erbsen
50 g Parmesankäse, frisch gerieben
^{1}/$_{4}$ TL geriebene Muskatnuß
frisch gemahlener schwarzer
  Pfeffer

Die Zwiebel im heißen Fett bei mittlerer Hitze in einem Schmortopf mit schwerem Boden glasig dünsten (etwa 5 Minuten). Den Reis unter fließend kaltem Wasser waschen, zur Zwiebel geben und mit einem Holzkochlöffel verrühren, bis die Reiskörner glasig sind. Die Brühe dazugießen, zum Kochen bringen und zugedeckt bei schwacher Hitze etwa 45 Minuten köcheln lassen. Eventuell noch Brühe hinzufügen. Zum Schluß die Erbsen zum Risotto geben und 5 Minuten mitkochen lassen. Die Flüssigkeit wird am Ende der Kochzeit nicht ganz verkocht sein. Mit Parmesan, Muskat und Pfeffer abschmecken und ein paar Minuten gut durchrühren. Wenn das Risotto kurze Zeit steht, wird die übrige Flüssigkeit aufgesogen. Nach Geschmack mit Parmesan bestreuen.

ERGIBT 5 PORTIONEN

LUST AUF NUDELN

Die meisten Kinder lieben Nudelgerichte. Es macht Spaß, sie zu essen, und sie sind leicht zu kauen. Frisch gekochte Nudeln in unzähligen verschiedenen Formen, Farben und Größen, mit einer leckeren, selbstgemachten Soße aus frischen Zutaten serviert, ergeben eine schnelle und einfache Mahlzeit für die ganze Familie. Teigwaren lassen sich mit fast allen anderen Lebensmitteln kombinieren, daher kann man Kinder dazu bewegen, viele nährstoffreiche Beilagen zu probieren, die sie nicht anrühren würden, wenn sie nicht mit Nudeln zusammen auf den Tisch kämen.

Bei Teigwaren hat man eine herrlich große Auswahl. Man kann frische Ravioli mit Ricotta und Spinat gefüllt kaufen und sie mit einer selbstgemachten Tomatensoße servieren. Oder man füllt Cannelloni mit gehacktem Geflügel, Gemüse oder Fleisch. Es gibt Nudeln in Form von Raumschiffen, Tieren oder Autos, und man kann seinen Kindern mit Buchstabennudeln sogar ein wenig das Lesen beibringen.

Kinder können kurze Nudeln, zum Beispiel Pappardelle (Schleifchennudeln) oder Penne (Röhrchennudeln), besser essen als Spaghetti. Meine dreijährige Tochter hat allerdings eine Methode erfunden, auch mit Spaghetti fertigzuwerden – sie hält sie an beiden Enden fest, beißt in der Mitte zu und schlürft dann die Enden in den Mund. Vielleicht nicht gerade die feine Art, dafür aber sehr effektiv!

Nudelauflauf mit Huhn und Paprika

Huhn und Nudeln sind eine recht ungewöhnliche Kombination, aber dieses sahnige Gericht mit der goldgelben Kruste schmeckt ausgezeichnet.

1 Hühnerbrust ohne Haut und
   Knochen und in feine Streifen
   geschnitten
Salz und frisch gemahlener
   schwarzer Pfeffer
Pflanzenöl oder Margarine zum
   Braten

je $^1/_2$ kleine rote und gelbe Paprikaschote, entkernt und in Streifen
   geschnitten
30 g Butter oder Margarine
30 g Mehl
$^1/_4$ l Milch
50 g Parmesan, gerieben
150 g Spaghetti

Die Hühnchenstreifen mit Salz und Pfeffer leicht würzen und etwa 2 Minuten in Margarine oder Öl anbraten. Die Paprikaschoten hinzufügen und so lange mitschmoren, bis das Fleisch gar ist (3 – 4 Minuten).

Für die Soße Butter oder Margarine in einer Pfanne zerlassen. Das Mehl dazugeben und bei schwacher Hitze 2 – 3 Minuten ständig rühren. Die Pfanne von der Kochstelle nehmen und schnell die Milch mit einem Schneebesen hineinrühren, so daß keine Klümpchen entstehen. Bei mittlerer Hitze weiterrühren, bis die Soße glatt und gebunden ist. Wieder vom Herd nehmen, zwei Drittel des Parmesankäses hineinrühren und mit Salz und Pfeffer abschmecken.

Die Nudeln nicht ganz gar kochen, denn sie garen unter dem Grill oder im Ofen noch weiter. Gut abtropfen lassen, mit der Huhn-Paprika-Mischung und der Käsesoße verrühren und alles in eine gefettete, feuerfeste Form geben. Mit dem restlichen Parmesan bestreuen und unter dem vorgeheizten Grill einige Minuten überbacken, bis eine hellbraune Kruste entstanden ist. Alternativ kann der Auflauf auch im heißen Ofen (220°C) in etwa 10 – 15 Minuten überbacken werden.

ERGIBT 2 PORTIONEN

Leckere Tomatensoße zu Nudeln

Nudeln mit Tomatensoße kommen bei Kindern immer gut an, und dieses Rezept läßt sich als Grundlage für viele Nudelsoßen verwenden. Es lohnt sich, viel Soße zuzubereiten und sie dann in kleinen Portionen einzufrieren. Eine köstliche Variante können Sie so herstellen: Dünsten Sie eine kleingeschnittene Paprikaschote und eine kleine, in Scheiben geschnittene Aubergine mit der Zwiebel an. Dann die Soße kurz im Mixer zerkleinern und mit einer Béchamelsoße und etwas Parmesankäse verrühren. Sie erhalten eine herrliche, cremige Nudelsoße.

1 kleine Zwiebel, geschält und
   feingehackt
1 Knoblauchzehe, feingehackt
   (nach Geschmack)
1 EL feingehackte Petersilie
1 EL Olivenöl
3 Tomaten, abgezogen, entkernt und
   kleingeschnitten (nach Belieben)

1 große Dose Tomaten
2 EL Tomatenmark
1 EL feingehackte Basilikumblätter
$^1/_4$ TL getrockneter Oregano
Salz und frisch gemahlener
   schwarzer Pfeffer

Zwiebel, gegebenenfalls Knoblauch, und Petersilie im Olivenöl dünsten, aber nicht anbraten (etwa 5 Minuten). Die restlichen Zutaten hinzufügen und bei schwacher Hitze etwa 15 Minuten köcheln lassen.

ERGIBT GUT 300 ML SOSSE

Tagliatelle mit Schellfisch, Käse und Tomaten

Mit diesem Gericht gelingt es Ihnen bestimmt, Ihr Kind für Fisch zu begeistern!
Anstelle von Schellfisch können Sie auch einen anderen Seefisch verwenden.

300 g Schellfischfilet
Salz und frisch gemahlener
* schwarzer Pfeffer*
1 EL Zitronensaft
etwas Butter oder Margarine
1 kleine Zwiebel, geschält und in
* dünne Ringe geschnitten*
1 EL gehackte Petersilie
2 EL Tomatenmark

3 mittelgroße Tomaten, abgezogen
* und in Scheiben geschnitten*
30 g Butter oder Margarine
30 g EL Mehl
1/4 l Milch
1/4 TL geriebene Muskatnuß
60 g mittelalter Gouda, gerieben
100 g Spinat-Tagliatelle
1 EL frisch geriebener Parmesankäse

Wer ein Mikrowellengerät besitzt, kann den Fisch darin garen: Den Fisch
in eine mikrowellengeeignete Form legen, mit Pfeffer und Salz würzen,
mit dem Zitronensaft beträufeln und mit Butter- oder Margarineflöckchen
belegen. Die Zwiebelringe daraufgeben und das Ganze mit der Petersilie bestreuen. Bei 600 Watt 4–5 Minuten garen, nach der Hälfte der Zeit den Fisch
einmal wenden. Sie können den Fisch auch im Ofen zubereiten: Dafür den
Fisch in eine feuerfeste Form legen und im vorgeheizten Ofen bei 180 °C
10–15 Minuten backen. Prüfen, ob der Fisch gar ist, dann mit der Gabel zerteilen und eventuell vorhandene Gräten entfernen. Fischstückchen, Zwiebel,
Petersilie mit der Kochflüssigkeit, den Tomaten und dem Tomatenmark mischen.

Für die Soße das Fett in einem kleinen Topf zerlassen, das Mehl hineinrühren,
1 Minute weiterrrühren, dann langsam die Milch unter Rühren hinzufügen und
so lange erhitzen, bis die Soße gebunden ist. Mit Muskat abschmecken. Den Topf
vom Herd nehmen, den Gouda hinzufügen und verrühren.

Die Nudeln in reichlich Salzwasser nicht ganz gar kochen. Gut abtropfen
lassen und mit der Käsesoße vermischen. In eine gefettete, feuerfeste Form abwechselnd Tagliatelle und Fisch in Tomatensoße schichten. Mit Parmesan bestreuen und 15 Minuten im vorgeheizten Ofen bei 180 °C überbacken.

ERGIBT 4 PORTIONEN

FISCHERS FRITZE

Fisch ist ein ideales Nahrungsmittel für Kinder. Er enthält wertvolles Eiweiß, wichtige Vitamine und Mineralstoffe, ist leicht zu kauen und einfach zuzubereiten. Um so bedauerlicher ist es, daß viele Kinder Fisch einfach nicht mögen. Ich vermute, daß Kindern oft gar nicht die Möglichkeit gegeben wird, auf den Geschmack zu kommen, weil ihnen fader oder zerkochter Fisch vorgesetzt wird. Und wenn ein Kind einmal entschieden hat, daß es etwas nicht mag, ist es schwer, es vom Gegenteil zu überzeugen.

Ich habe mich bemüht, diese Fischrezepte so zusammenzustellen, daß Kinder sich auf das Mittagessen freuen, wenn sie wissen, daß es Fisch gibt. In vielen Gerichten wird Fisch mit beliebten anderen Speisen kombiniert, bei den »Fischförmigen Lachsplätzchen« (Seite 87) zum Beispiel mit Tomatensoße und im Rezept »Fisch mit Bananen und Weintrauben« (Seite 86) mit Obst. In anderen Kapiteln dieses Buches finden Sie noch weitere Fischrezepte, darunter auch Ideen, wie man Nudeln mit Fisch kombinieren kann, und sogar ein Rezept für Fischstäbchenauflauf.

Vergessen Sie nicht, Fisch sorgfältig mit der Gabel zu zerteilen, bevor Sie ihn dem Kind geben, damit Sie alle eventuell vorhandenen Gräten finden und entfernen können.

Meerjungfrau-Häppchen

Meinen Kindern erzähle ich immer, diese Fischbällchen seien Ariels Lieblings-
essen – Ariel ist die Meerjungfrau in Disneys Film »Die kleine Meerjungfrau«.
Ich halte dieses Gericht für eine der leckersten Fischmahlzeiten für Kinder.
Wenn man die Bällchen nach der Zubereitung einfriert, braucht man für eine
Mahlzeit nur die gewünschte Menge aufzutauen. Am besten servieren Sie sie
kalt. Sie können Seefisch in jeder beliebigen Kombination verwenden, zum
Beispiel Kabeljau, Schellfisch oder Seehecht. Bitten Sie beim Einkauf darum,
den Fisch durchzudrehen. Hier eine Variante: Die Bällchen nicht panieren und
in der »Leckeren Tomatensoße« (Seite 82) garen.

2 Zwiebeln, geschält und feingehackt
Pflanzenöl und Butter oder
  Margarine zum Braten
1 kg Rotbarsch, Kabeljau und
  Seehecht, durchgedreht oder
  feingehackt
1 große Karotte, feingehackt
1 Apfel (Granny Smith), geschält und
  geraspelt

1 EL feingehackte Petersilie
  (nach Geschmack)
2 Eier
2 EL Zucker
2 TL Salz
¼ TL frisch gemahlener schwarzer
  Pfeffer
80 ml kaltes Wasser
2 EL Mehl und Mehl zum Wenden

Die Zwiebeln in einer Mischung aus Öl und Butter oder Margarine goldgelb
dünsten, bis sie weich sind (etwa 6–7 Minuten). Fischmasse, abgekühlte
Zwiebeln, Karotte, Apfel und Petersilie in eine Schüssel geben. Die Eier mit
Zucker, Salz und Pfeffer mit einem Schneebesen schaumig schlagen und zu
der Fisch-Gemüse-Mischung geben. Zum Schluß das kalte Wasser und 2 Eßlöffel Mehl mit einem Holzlöffel darunterrühren.

Aus dem Fischteig kleine Bällchen formen, in Mehl wenden und in einer
Mischung aus Öl und Butter oder Margarine goldgelb braten.

ERGIBT ETWA 40 BÄLLCHEN

Fisch mit Bananen und Weintrauben

Obst verleiht dem Fisch einen Geschmack, den Kinder sehr gern mögen. Dieses Gericht ist schnell und einfach zubereitet. Auf einem Reisbett schmeckt es besonders gut.

250 g Schellfisch-, Seehecht-, Dorsch- oder Schollenfilet, in Stücke geschnitten
Salz und frisch gemahlener schwarzer Pfeffer
Butter oder Margarine zum Braten

2 Bananen
10 kernlose Weintrauben, abgezogen
1 EL Butter oder Margarine
1 EL Mehl
150 ml Milch

Den Fisch mit Salz und Pfeffer leicht würzen, ins heiße Fett geben und so lange garen, bis er sich leicht mit der Gabel zerteilen läßt. Inzwischen die Bananen schälen, der Länge nach halbieren und noch mal quer durchschneiden. Die Viertel in Butter braten, bis sie weich und goldgelb sind. Fisch und Weintrauben zu den Bananen geben. Eine weiße Soße zubereiten (Seite 47), mit etwas Salz und Pfeffer würzen und über den Fisch gießen. Alles zusammen 4–5 Minuten garen lassen.

ERGIBT 3 PORTIONEN

Fischförmige Lachsplätzchen

Mit diesen Plätzchen kann man Fisch auf einfache Weise zu etwas ganz Besonderem machen. Verlockend sind sie vor allem, wenn sie von einem roten Meer aus Tomatensoße (Seite 82) umgeben sind.

350 g mehligkochende Kartoffeln, geschält und kleingeschnitten
350 g Lachsfilet
Salz und frisch gemahlener schwarzer Pfeffer
1 Spritzer Zitronensaft
ein paar Stengel Petersilie
etwas Butter

2 EL Tomatenketchup
einige Tropfen Worcestersauce (nach Geschmack)
1 gehäufter EL frischer Schnittlauch oder feingehackte Frühlingszwiebel
1 Ei
zerdrückte Cornflakes zum Wenden
Sonnenblumenöl

Die Kartoffeln gar kochen und abkühlen lassen. Für den Lachs den Backofen auf 180 °C vorheizen, die Filets auf Alufolie legen und mit Salz, Pfeffer und Zitronensaft leicht würzen. Mit Petersilie und Butterflöckchen bestreuen. Locker einwickeln und 15–20 Minuten backen. Nach dem Garen die Haut abziehen, die Flüssigkeit ablaufen lassen und den Fisch mit einer Gabel zerdrücken. Die Kartoffeln durch die Presse drücken, Fisch, Tomatenketchup, Worcestersauce und Schnittlauch oder Frühlingszwiebeln dazugeben und alles gut vermischen.

Die Mischung mit bemehlten Händen zu 6 ovalen Plätzchen formen und an einem Ende so zusammendrücken, daß eine Schwanzflosse entsteht. Mit dem verquirlten Ei bestreichen und in den zerdrückten Cornflakes wenden. Die Plätzchen entweder auf beiden Seiten in einer beschichteten Pfanne braten oder auf ein gefettetes Backblech legen, mit Öl bestreichen und 20–25 Minuten bei etwa 200 °C backen. Nach etwa 10 Minuten wenden.

ERGIBT 6 PLÄTZCHEN

Lachs-Kedgeree

Ich türme mit einem Eisportionierer Kedgeree-»Berge« für die Kinder auf, und sie sind begeistert. Statt frischem Lachs kann man auch geräucherten Fisch verwenden.

150 g Reis
200 g Lachsfilet
40 g Butter oder Margarine
1 Spritzer Zitronensaft
$^1/_2$ kleine Zwiebel, geschält und
    gehackt
1 EL Mehl
250 ml Milch

$^1/_2$ Lorbeerblatt
$^1/_4$ TL geriebene Muskatnuß
1 TL mildes Currypulver
Salz und frisch gemahlener
    schwarzer Pfeffer
1–2 hartgekochte Eier, gehackt
2 Tomaten, abgezogen, entkernt und
    kleingeschnitten

Den Reis in leicht gesalzenem Wasser garen, abgießen und beiseite stellen. Inzwischen den Fisch in eine Form geben, etwa 1 Eßlöffel Butter oder Margarine in Flöckchen darüberstreuen und mit Zitronensaft beträufeln. Mit Folie bedecken und auf mittlerer Stufe (etwa 480 Watt) 4–5 Minuten in der Mikrowelle garen, dabei einmal wenden. Oder den Fisch locker in Alufolie wickeln und etwa 15 Minuten bei 180 °C im Backofen garen.

Für die Soße die übrige Butter oder Margarine zerlassen und die Zwiebel darin glasig dünsten. Das Mehl hineinrühren und 1 Minute mitbraten, dann langsam die Milch dazugeben und weiterrühren, bis die Soße gebunden ist. Lorbeerblatt, Muskat, Curry, Salz und Pfeffer hinzufügen und ein paar Minuten köcheln lassen. Den Lachs mit der Gabel zerteilen, eventuell vorhandene Gräten entfernen und mit der Soße (das Lorbeerblatt entfernen), den hartgekochten Eiern, den Tomaten und dem Reis vermischen.

ERGIBT 5 PORTIONEN

Fischpäckchen

Diese leckeren Fischpäckchen werden Ihr Kind sicher neugierig machen. Am besten serviert man sie mit Kartoffelpüree oder Reis. Statt Scholle kann man auch Schellfisch, Dorsch, Seehecht oder Seezunge nehmen. Eine köstliche Variante erhält man, wenn man das Fischfilet mit 1 Eßlöffel gehackter Frühlingszwiebel bestreut und 1 Eßlöffel Sojasoße und Butter- oder Margarineflöckchen darauf verteilt. In Alufolie wickeln und wie unten beschrieben garen.

250 g Schollenfilets
Salz und frisch gemahlener Pfeffer
4 mittelgroße Tomaten, abgezogen,
  entkernt und kleingeschnitten oder
  1 kleine Dose Tomaten

50 g Gouda, gerieben
25 g Cornflakes, zerdrückt
2 EL Milch
etwas Butter oder Margarine

Für jedes Filet ein Stück Alufolie schneiden, die Filets darauflegen und leicht salzen. Tomaten, Käse, Cornflakes und Milch vermischen und diese Soße auf den Filets verteilen. Mit Butterflöckchen bestreuen, zu Päckchen wickeln und etwa 15 Minuten im vorgeheizten Backofen bei 180 °C garen. Wer möchte, kann die Fischfilets auch in der Mikrowelle garen. Dann anstelle der Alufolie mikrowellengeeignete Folie verwenden und 2–4 Minuten bei 600 Watt in der Mikrowelle garen. Der gare Fisch läßt sich leicht mit der Gabel zerteilen. Eventuell vorhandene Gräten heraussuchen, den Fisch mit der Soße vermischen und servieren.

ERGIBT 4 PORTIONEN

Thunfisch mit Muscheln

Dieses Gericht ist beliebt und schnell zubereitet. Man kann es mit oder ohne Käsekruste servieren. Wenn Ihr Kind Thunfisch nicht so gern ißt, können Sie die Soße im Mixer zerkleinern.

175 g bunte Muschelnudeln
1 Zwiebel, geschält und feingehackt
1 Knoblauchzehe, zerdrückt
Olivenöl zum Braten
je ¹/₂ rote und grüne Paprikaschote,
  entkernt und kleingeschnitten

1 kleine Dose Tomaten
2 EL Tomatenmark
¹/₂ TL getrockneter Oregano
1 kleine Dose Thunfisch
2 EL Crème Double oder Milch
50 g geriebener Gouda

Die Nudeln in Salzwasser bißfest kochen. Zwiebel und Knoblauch im Olivenöl glasig dünsten, die Paprika dazugeben und 2–3 Minuten mitdünsten. Abgetropfte und kleingeschnittene Tomaten mit dem Saft, Tomatenmark und Oregano hinzufügen, zum Kochen bringen und etwa 4 Minuten dünsten. Den gut abgetropften und zerpflückten Thunfisch dazugeben, alles erhitzen und die Sahne oder Milch hineinrühren. Die Nudeln in eine feuerfeste, gefettete Form geben, mit der Thunfischsoße übergießen und mit dem Käse bestreuen. Unter dem vorgeheizten Grill oder im Backofen überbacken. Darauf achten, daß der Käse nicht verbrennt.

ERGIBT 3–4 PORTIONEN

HÜHNCHENSCHMAUS

Geflügel ist in meiner Familie ein beliebtes Nahrungsmittel. Es ist fettarm und so vielseitig verwendbar, daß man es fast jeden Tag essen kann, ohne daß es eintönig wird. Geflügel enthält ebenso hochwertiges Eiweiß wie Fleisch. Außerdem liefert es Vitamin B, das für Wachstum, Energie und gesunde Haut wichtig ist.

Gewürfeltes Hühnchenfleisch kann man in 5 Minuten in der Pfanne garen, und eine Hühnerbrust braucht auch nicht länger als 8 Minuten. Man sollte allerdings immer darauf achten, daß Hühnerfleisch wirklich gar ist. Es muß weiß, zart und saftig sein.

Einfaches Brathähnchen mit einer guten Soße und Röstkartoffeln gehört zu den Lieblingsessen meiner Familie. Kinder knabbern mit Vergnügen Hühnchenkeulen ab. Achten Sie jedoch darauf, daß kleine Kinder sich nicht an Knochenstückchen verschlucken.

Ich habe einige Rezepte aufgeführt, für die Sie restliches Geflügel vom Vortag verwenden können. Huhn läßt sich mit Obst, Reis, Gemüse oder Nudeln kombinieren, und es kann Kinder auch dazu verleiten, ungewöhnlichere Gerichte zu probieren, wie »Nasi Goreng« (Seite 96), ein indonesisches Gericht mit Huhn, Reis und Erdnüssen. Aber auch eine kräftige Suppe mit Hühnerfleisch (Seite 98) schmeckt Kindern gut.

Leckere Hühnchenpfanne

Meine beiden älteren Kinder mögen diese Hühnchenpfanne besonders gern. Sie besteht aus mundgerechten Happen, und die Kinder picken mit Vergnügen zarte Hühnerwürfel und bunte Gemüsestückchen heraus. Viele Gemüsekombinationen sind möglich. Dieses Rezept dient als Grundlage für mehrere Gerichte. Zur Vereinfachung kann man ein Päckchen Tiefkühl-Gemüse kaufen und das Lieblingsgemüse der Kinder hinzufügen.

2 Hühnerbrüste ohne Haut und
*   Knochen*
2 EL Sojasoße
1 TL Zucker
1 EL Sesam- oder Pflanzenöl
2 EL Sake oder trockener Sherry
*   (nach Geschmack)*
2 Frühlingszwiebeln, in feine
*   Scheiben geschnitten*
frisch gemahlener schwarzer Pfeffer
1/4 l Hühner- oder Gemüsebrühe
*   (Seite 33 f.)*
2 EL Apfelsaft
2 EL Maismehl
4 EL Pflanzenöl

1 Zwiebel, geschält und in dünne
*   Ringe geschnitten*
je 1 kleine grüne und rote Paprika-
*   schote, entkernt und in Streifen*
*   geschnitten*
100 g Blumenkohlröschen
100 g grüne Bohnen
75 g Kohl, geraspelt
8 kleine Maiskolben, halbiert
1/4 l Hühner- oder Gemüsebrühe
*   (Seite 33 f.) (nach Belieben)*
100 g chinesische Eiernudeln
*   (nach Belieben)*
2 EL geröstete Sesamsamen

Die Hühnerbrüste in mundgerechte Stücke schneiden. Sojasoße, Zucker, Öl, Sake oder Sherry, Frühlingszwiebeln und etwas Pfeffer miteinander verrühren und das Huhn mindestens 1 Stunde lang in dieser Mischung marinieren.

Für die Soße 1/4 l Brühe und den Apfelsaft in einer Pfanne erhitzen. Davon 3 Eßlöffel mit dem Maismehl anrühren, zur übrigen Soße geben und einmal aufkochen lassen.

In einem Wok oder einer großen Pfanne das Öl erhitzen und die Zwiebeln etwa 3 Minuten braten. Die Hühnerwürfel hinzufügen und weitere 3 Minuten mitbraten. Dann das übrige Gemüse dazugeben, einige Minuten unter Rühren

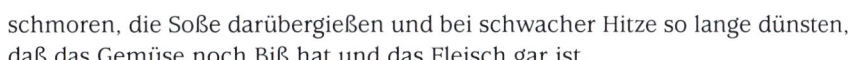

schmoren, die Soße darübergießen und bei schwacher Hitze so lange dünsten, daß das Gemüse noch Biß hat und das Fleisch gar ist.

Für die Nudeln ¹/₄ l Brühe (oder Wasser) zum Kochen bringen, die Nudeln hineinrühren und zugedeckt 3 Minuten köcheln lassen, dabei gelegentlich vorsichtig mit einer Gabel umrühren. Abtropfen lassen, mit Huhn und Gemüse vermischen und mit dem Sesam bestreuen.

ERGIBT 4 PORTIONEN

Hühnchenkeulen mit Barbecuesoße

Kindern macht es Spaß, Hühnchenkeulen in der Hand zu halten und abzuknabbern. Einfach die Enden in Alufolie wickeln, dann kann man sie warm oder kalt essen.

¹/₂ kleine Zwiebel, geschält und feingehackt
Margarine oder Öl zum Braten
1 TL Zitronensaft
2 TL Balsamico
1 TL brauner Zucker

2 EL Tomatenmark
einige Tropfen Worcestersauce
Salz und frisch gemahlener schwarzer Pfeffer
2 Hühnchenkeulen

Die Zwiebel in Margarine oder Öl anbraten, dann Zitronensaft, Essig, Zucker, Tomatenmark und Worcestersauce hineinrühren. 3–4 Minuten dünsten und leicht mit Salz und Pfeffer würzen. Die Haut von den Keulen abziehen, das Hühnerfleisch an zwei Seiten tief einschneiden und mit der Soße bestreichen. Auf Alufolie legen und unter dem vorgeheizten Grill bei mittlerer Hitze etwa 20 Minuten grillen, dabei häufig wenden und mit der Soße bestreichen. Die Keulen können auch im vorgeheizten Backofen bei 220 °C in etwa der gleichen Zeit gegart werden.

ERGIBT 2 PORTIONEN

Kaltes Huhn mit süßer Currysoße ✳

Dies ist mein Lieblingsrezept für die Verarbeitung von übriggebliebenem Hühnchenfleisch. Mit Reis schmeckt das Gericht besonders gut. Meine Kinder freuen sich, wenn ich das Fleisch in Würfel schneide und auf Spießchen stecke.

$^1/_2$ Zwiebel, geschält und gehackt
1 EL Maiskeimöl
1 TL Currypulver
$1^1/_2$ EL Aprikosenmarmelade
1 TL Zitronensaft
50 ml Hühner- oder Gemüsebrühe
  (Seite 33 f.)

$^1/_2$ TL Tomatenmark
1 Lorbeerblatt
120 ml Mayonnaise
1 gehäufter EL Rosinen
etwa 300 g gekochtes Hühnerfleisch,
  in Stücke geschnitten

Die Zwiebel im Öl glasig dünsten und das Currypulver hinzufügen. Nach 1 Minute Aprikosenmarmelade und Zitronensaft hineinrühren und 1 weitere Minute dünsten lassen. Die Brühe dazugießen, Tomatenmark und Lorbeerblatt hinzufügen und alles etwa 4 Minuten köcheln lassen. Vom Herd nehmen, das Lorbeerblatt aus der Soße nehmen und die Mayonnaise unter die Soße schlagen. Die Rosinen dazugeben und verrühren. Die Soße über das Fleisch gießen und servieren.

ERGIBT 4 PORTIONEN

Hühnchen süß-sauer

Huhn in süß-saurer Soße ist bei Kindern sehr beliebt. Zu Fisch schmeckt diese Soße ebenfalls ausgezeichnet. Auf einem Reisbett servieren.

3 Hühnerbrüste, mit Haut und
   Knochen, halbiert
Salz und frisch gemahlener
   schwarzer Pfeffer
Pflanzenöl zum Braten
1 große Zwiebel, geschält und
   feingehackt
je 1 grüne und rote Paprikaschote,
   entkernt und in feine Streifen
   geschnitten

$1^1/_2$ EL Apfel- oder Rotweinessig
2 EL Tomatenmark
1 kleine Dose Ananasstücke
50 ml Ananassaft
80 ml Wasser
2 EL Sojasoße
$^1/_2$ TL gemahlener Ingwer
   (nach Geschmack)
1 TL Maismehl

Die Hühnerbrüste leicht mit Salz und Pfeffer würzen und im heißen Öl anbraten. Aus der Pfanne nehmen und auf Küchenpapier abtropfen lassen. Die Zwiebel in etwas Öl 3–4 Minuten anbraten, dann die Paprikaschoten hinzufügen, weitere 2 Minuten schmoren und beiseite stellen.

Essig, Tomatenmark, Ananassaft, Wasser, Sojasoße und Ingwer gut verrühren. Die Hühnerbrüste in einen Schmortopf geben, mit der Soße bedecken, die Zwiebel-Paprika-Mischung hinzufügen und 20 Minuten im vorgeheizten Backofen bei 180 °C garen lassen. Nun die abgetropften Ananasstücke dazugeben und das Ganze weitere 10 Minuten garen. Das Huhn herausnehmen und die Soße in einen Topf geben. Das Maismehl mit etwas kaltem Wasser anrühren und in die Soße rühren, zum Kochen bringen und köcheln lassen, bis sie gebunden ist.

Das Hühnerfleisch von den Knochen lösen, in kleine Stücke schneiden, mit der Soße bedecken und servieren.

ERGIBT 6 PORTIONEN

Nasi Goreng

Dieses köstliche indonesische Gericht gewinnt seinen besonderen Geschmack durch Erdnüsse und eine milde Currysoße. Die ganze Familie ißt es sehr gern!

2 Hühnerbrüste, ohne Haut und
   Knochen, in Stücke geschnitten
3 EL Sojasoße
50 ml Sesam- oder Pflanzenöl
1 große Zwiebel, geschält und
   feingehackt
2 TL mildes Currypulver
$1/2$ TL Kurkuma
350 g Basmatireis
900 ml Hühner- oder Gemüsebrühe
   (Seite 33 f.)

Pflanzenöl zum Braten
3 Frühlingszwiebeln, feingehackt
1 rote Paprikaschote, entkernt und
   feingehackt
100 g kleine Maiskölbchen, der Länge
   nach halbiert
100 g Tiefkühl-Erbsen
1 EL Zuckerrübensirup
$1/2$ Tasse geröstete, feingehackte
   Erdnüsse

Die Hühnerstücke in der Sojasoße mindestens 1 Stunde marinieren. In einem großen Topf das Öl erhitzen, Zwiebel, Currypulver und Kurkuma hineingeben und 5 Minuten anbraten. Den Reis dazugeben und unter Rühren 5 Minuten garen lassen, bis er goldgelb ist. Die Brühe hinzufügen und zugedeckt köcheln lassen, bis der Reis gar ist (20–25 Minuten).

Inzwischen in einem Wok oder einer Pfanne das Pflanzenöl erhitzen und das Hühnerfleisch darin etwa 3 Minuten anbraten. Frühlingszwiebeln, Paprikaschote und Maiskölbchen hinzufügen und die Sojasoße, die als Marinade verwendet wurde, darübergießen. Das Gemüse etwa 2 Minuten garen lassen, dann die Erbsen dazugeben. Weitere 3–4 Minuten köcheln lassen. Huhn und Gemüse mit dem Reis vermischen, den Zuckerrübensirup und die gehackten Erdnüsse dazugeben und verrühren. Alles etwa 5 Minuten köcheln lassen.

ERGIBT 8 PORTIONEN

Florentiner Hühnchenstreifen

Dieses Gericht läßt sich gut einfrieren, daher bereite ich normalerweise mehrere einzelne Portionen zu. Als Variante kann man 100g in Scheiben geschnittene kleine Champignons, in etwas Butter angebraten, zur Soße geben.

3 Hühnerbrüste, in Streifen
  geschnitten
Salz und frisch gemahlener
  schwarzer Pfeffer
50 g Butter oder Margarine
500 g frischer oder 250 g
  tiefgefrorener Spinat

1$^1/_2$ EL Mehl
300 ml Hühner- oder Gemüsebrühe
  (Seite 33 f.)
125 g Sahne oder 125 ml Milch
50 g Gouda, gerieben
$^1/_4$ TL geriebene Muskatnuß
25 g Parmesan, gerieben

D ie Hühnerbrüstchen mit etwas Salz und Pfeffer würzen und in der Hälfte des Fettes 3–4 Minuten anbraten. Den tropfnassen, gewaschenen Spinat in einen Topf geben, erhitzen und zusammenfallen lassen. Tiefgefrorenen Spinat nach Packungsanweisung auftauen. Überschüssiges Wasser herausdrücken. Den Spinat in eine große oder mehrere kleine gefettete, feuerfeste Formen geben und die Hühnchenstreifen darauflegen.

Für die Soße die übrige Butter oder Margarine zerlassen, das Mehl dazugeben und 1 Minute anbraten. Langsam und unter ständigem Rühren die Brühe dazugießen, bis die Soße gebunden ist. Einmal aufkochen lassen und vom Herd nehmen. Sahne oder Milch, Käse und Muskatnuß in die Soße geben und verrühren. Mit Salz und Pfeffer abschmecken. Die Soße über die Hühnerstreifen gießen und mit Parmesan bestreuen. Im vorgeheizten Backofen bei 180 °C 10 Minuten garen.

ERGIBT 3–4 PORTIONEN

Hühnersuppe mit Reis und Gemüse

Ich würze diese Suppe gern mit etwas Currypulver – es ist erstaunlich, wie viele Kinder den Geschmack von Curry mögen.

2 Hühnerbrüste mit Haut und
    Knochen
gut 2 l Hühner- oder Gemüsebrühe
    (Seite 33 f.)
1 mittelgroße Zwiebel, geschält und
    feingehackt
1 Stange Bleichsellerie, feingehackt
1 Karotte, feingeschnitten
Pflanzenöl zum Braten

100 g Basmatireis
1 kleine grüne Paprikaschote,
    entkernt und kleingeschnitten
2 Tomaten, abgezogen, entkernt und
    kleingeschnitten
1 EL mildes Currypulver
1 EL Tomatenmark
Salz und frisch geriebener
    schwarzer Pfeffer

Die Hühnerbrüste in der Brühe gar kochen (etwa 20 Minuten). Zwiebel, Bleichsellerie und Karotte etwa 3 Minuten im Öl anbraten, Reis und Paprikaschote hinzufügen und weitere 3 Minuten schmoren lassen. Tomaten, Currypulver und Tomatenmark dazugeben und einige Minuten dünsten. Das Gemüse mit dem Reis in die Hühnerbrühe geben, die Suppe leicht würzen und etwa 30 Minuten köcheln lassen. Haut und Knochen von den Hühnerbrüsten lösen und das Fleisch kleinschneiden, in die Suppe geben und vor dem Servieren noch einmal 3–4 Minuten köcheln lassen.

ERGIBT ETWA 8 PORTIONEN

Leber-Brotaufstrich nach Großmutters Rezept

Dies ist eine schmackhafte Art, Leber zuzubereiten. Ich bestreiche Streifen oder kleine Dreiecke aus Toast damit und streue das gehackte Ei darüber. Wenn man eine größere Menge zubereitet, kann man diesen Brotaufstrich portionsweise einfrieren und hat ihn so immer vorrätig.

1 mittelgroße Zwiebel, geschält und
   feingehackt
2 EL Pflanzenöl
250 g Hühnerleber

Mehl zum Wenden
2 hartgekochte Eier, gehackt
Salz und frisch gemahlener
   schwarzer Pfeffer

Die Zwiebel im heißen Öl goldgelb braten, aus der Pfanne nehmen, überschüssiges Fett in die Pfanne abtropfen lassen und die Zwiebel beiseite stellen. Die Hühnerlebern in Mehl wenden und im heißen Zwiebelfett etwa 5 Minuten auf beiden Seiten braten, bis sie gar sind, dann fein hacken. Zwiebel und 1^1/$_2$ gehackte Eier dazugeben und vermischen. Das restliche Ei als Dekoration verwenden. Nach Geschmack mit etwas Salz und Pfeffer würzen.

ERGIBT 8 PORTIONEN

Satay-Huhn

Für alle, die gern Erdnußmus mögen, gehört dieses Essen zu den Lieblings-gerichten. Die Soße schmeckt auch zu Rindfleisch oder Krabben vorzüglich. Da Kinder es jedesmal reizvoll finden, Spießchen abzuknabbern, kommt dieses Gericht sehr gut an.

2 große Hühnerbrüste, ohne Haut und Knochen
125 ml Hühnerbrühe (Seite 33)
125 g grobes Erdnußmus
1 TL Sojasoße
1 EL Sake oder Sherry

1 EL Honig
1 TL Currypulver
1/2 TL Kurkuma
2 EL feingehackte Zwiebeln
1 kleine Knoblauchzehe, zerdrückt

Die Hühnerbrüste in Würfel schneiden. Für die Soße alle übrigen Zutaten vermengen, zum Kochen bringen und etwa 5 Minuten bei schwacher Hitze köcheln lassen. Die Hühnerwürfel mehrere Stunden oder über Nacht im Kühlschrank in der Soße marinieren. Jeweils 3–4 Hühnerstückchen auf ein Holzstäbchen stecken und unter dem Grill oder im Backofen auf dem Rost grillen, bis sie gar sind (etwa 20 Minuten), dabei häufig umdrehen und gelegentlich mit der Soße bestreichen.

ERGIBT 6 SPIESSCHEN

Nicholas' Hühnerspießchen ✳

Mein Sohn Nicholas liebt dieses Gericht. Die Hühnchenstücke sind schön saftig, und besonders verlockend sind die Spießchen, wenn man abwechselnd gedämpftes Gemüse, zum Beispiel kleine Maiskolben oder rote Paprikastückchen, aufspießt.

¹/₂ kleine Zwiebel, geschält und
  gehackt
Pflanzenöl
¹/₂ EL mildes Currypulver
1 TL Zucker
1 EL Mehl
125 ml Hühnerbrühe (Seite 33)
2 Hühnerbrüstchen, ohne Haut und
  Knochen
1 Eiweiß
1 EL helle Sojasoße
1 EL Sake oder Sherry
1 EL Maismehl
Sesam- oder Sonnenblumenöl

Für den Dip die gehackte Zwiebel glasig dünsten. Currypulver und Zucker hineinrühren, Mehl hinzufügen und unter ständigem Rühren die Brühe angießen. So lange rühren, bis die Soße andickt.

Die Hühnchenbrüste diagonal in Streifen oder für Spießchen in Stücke schneiden. Eiweiß, Sojasoße, Sake oder Sherry und Maismehl in einem tiefen Teller zu einer Paste verrühren, das Fleisch darin wenden. Das Öl im Wok oder in der Pfanne erhitzen, die Hühnchenstückchen darin braten, bis sie gar sind. Mit dem Currydip servieren.

ERGIBT 2 PORTIONEN

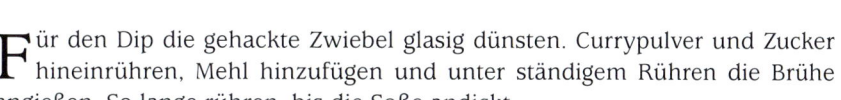

FLEISCH FÜR FEINSCHMECKER

Immer mehr Menschen essen lieber Fisch und Geflügel als Fleisch. Dabei sollte man berücksichtigen, daß Fleisch mehr Eisen und Zink enthält als Fisch oder Geflügel. Wird bei der Kinderernährung auf Fleisch völlig verzichtet, muß verstärkt auf andere Eisen- und Zink-Quellen zurückgegriffen werden. Zum Beispiel auf grünes Blattgemüse, Bohnen und Nüsse. Fleisch enthält außerdem die B-Vitamine einschließlich Vitamin B_{12}, das in Nahrungsmitteln pflanzlichen Ursprungs nicht vorkommt, aber für gesunde Knochen und gesundes Blut wichtig ist.

Meiner Erfahrung nach mögen Kinder Hackfleischgerichte meist lieber als ganze Fleischstücke, die sich schwer kauen lassen. Achten Sie darauf, mageres Hackfleisch zu kaufen. Sie können Ihren Metzger auch bitten, magere Fleischstücke extra für Sie durch den Wolf zu drehen. Wenn Sie das Hackfleisch nach der Zube-reitung noch einmal in den Mixer geben, hat Ihr Kind noch weniger Mühe mit dem Kauen. Schneiden Sie für Eintopf oder Gulasch zuerst das Fett und die zähen Sehnen ab, und garen Sie das Fleisch mehrere Stunden bei niedriger Hitze, dann wird es ganz zart!

Wenn Ihr Kind sich nicht so recht an Fleisch herantraut, versuchen Sie es einmal mit einer leckeren Fleisch- und Tomatensoße. Ich habe festgestellt, daß viele Kinder Fleisch nur dann gerne essen, wenn man es mit etwas kombiniert, zum Beispiel mit Nudeln oder Reis.

Kinder sind begeistert, wenn sie eine Portion für sich allein haben. Wenn Sie also einen Hackfleischauflauf für die ganze Familie zubereiten, füllen Sie ein kleines Förmchen extra für Ihr Kind. Das ist viel appetitanregender, als wenn das Essen einfach aus der großen Schüssel auf den Teller kommt.

Saftige Lauch- und Fleischkroketten

Diese Mini-Frikadellen sind weich und saftig. Sie schmecken köstlich und sind ganz einfach zuzubereiten.

2 Stangen Lauch, in Scheiben geschnitten
250 g Rinderhack
Pflanzenöl oder Margarine zum Braten

1 TL Hefepaste
1 Ei
Salz und frisch gemahlener schwarzer Pfeffer
2 EL Mehl

Den Lauch in wenig Wasser weich dünsten. Inzwischen das Fleisch im heißen Öl oder in der Margarine kräftig anbraten und die Hefepaste hinzufügen. Wenn das Fleisch gar ist, kann man es noch ein paar Sekunden in der Küchenmaschine zerkleinern. Den Lauch abtropfen lassen und soviel Wasser wie möglich herausdrücken. Lauch, Fleisch, Ei und Gewürze vermischen und zum Schluß das Mehl unter die Masse rühren.

Den Teig zu Mini-Frikadellen oder Mini-Kroketten formen und in heißem Fett oder Öl braten.

ERGIBT ETWA 12 KROKETTEN

Lammkoteletts in Folie ✳

Dieses Gericht ist leicht zuzubereiten, und durch das Garen in Alufolie bleibt der Geschmack der Koteletts ganz erhalten. Manche Kinder kauen gern Fleisch, vor allem dann, wenn sie es von einem Knochen abknabbern können. Man kann die Koteletts auch mit Barbecuesoße (Seite 93) servieren.

¹/₄ kleine Zwiebel, geschält und
  feingehackt
1 kleine Kartoffel, geschält und in
  kleine Würfel geschnitten
¹/₂ grüne Paprikaschote, entkernt und
  gehackt
Pflanzenöl zum Braten

2 Lammkoteletts
¹/₂ TL Hefeextrakt
1 mittelgroße Tomate, abgezogen,
  entkernt und kleingeschnitten
Salz und frisch gemahlener
  schwarzer Pfeffer
etwas Butter oder Margarine

Zwiebel, Kartoffel und Paprika leicht im Öl anbraten. Jedes Kotelett auf ein Stück Alufolie legen, mit der Hefepaste bestreichen und mit dem angebratenen Gemüse und den Tomatenstückchen bedecken. Leicht mit Salz und Pfeffer würzen und mit Butterflöckchen bestreuen. Die Alufolie über den Koteletts zusammenfalten und das Fleisch 1 Stunde im vorgeheizten Backofen bei 180 °C garen.

ERGIBT 2 PORTIONEN

Mini-Fleischbällchen

Kinder mögen diese Fleischbällchen sehr gern. Ich stecke Cocktailstäbchen hinein, und meine Kinder knabbern die Bällchen mit Vergnügen von den Stäbchen. Passen Sie jedoch auf, daß aus dem Festmahl kein Fechtkampf wird! Dieses Gericht schmeckt gut mit Reis, man kann es aber auch zusammen mit Spaghetti in der »Leckeren Tomatensoße zu Nudeln« (Seite 82) oder in der süß-sauren Soße aus dem Rezept auf Seite 95 servieren. Die Fleischbällchen lassen sich ausgezeichnet einfrieren.

500 g Rinderhack
1 Ei
2 EL gehackte Petersilie
2 Scheiben Vollkornbrot, zerbröselt
1 Zwiebel, geschält und feingehackt
1 Knoblauchzehe, zerdrückt
* (nach Geschmack)*

1 EL Tomatenmark
2 TL Hefeextrakt
1 TL Worcestersauce
50 ml Hühner- oder Gemüsebrühe
* (Seite 33 f.)*
frisch gemahlener schwarzer
* Pfeffer*

Alle Zutaten gut vermischen und leicht würzen. Zu kleinen Bällchen formen, auf 2 gefettete Backbleche legen und 20 Minuten im vorgeheizten Backofen bei 180 °C backen. Man kann die Fleischbällchen auch in Pflanzenöl anbraten, bis sie braun sind, und dann 15 Minuten in einer der oben genannten Soßen mitdünsten lassen.

ERGIBT ETWA 50 FLEISCHBÄLLCHEN

Hackfleischauflauf mit Kartoffelhaube

Ich friere diesen leckeren Hackfleischauflauf in kleinen Portionen ein und habe so immer ein schnelles Essen zur Hand. Kinder mögen die bunten Erbsen und Maiskörner gern, daher verwende ich sie hier als verlockende Füllung zwischen Fleisch und Kartoffeln. Statt Käse kann man auch 1 Eßlöffel Butter oder Margarine unter den Kartoffelbrei mischen.

750 g Rinderhack
1 kleine Knoblauchzehe, zerdrückt
Pflanzenöl oder Margarine zum
    Braten
1 große Zwiebel, geschält und
    gehackt
je 1 grüne und rote Paprikaschote,
    entkernt und kleingeschnitten
250 g Champignons, in Scheiben
    geschnitten
1 große Dose Tomaten

1 Würfel Hühner- oder Gemüsebrühe
175 ml Wasser
Hefeextrakt
einige Tropen Worcestersauce
6 mittelgroße, mehligkochende
    Kartoffeln, geschält und gewürfelt
50 g Cheddar oder Gouda, gerieben
50 ml Milch
300 g Erbsen und Maiskörner,
    gemischt
50 g Butter

Hackfleisch und Knoblauch im heißen Öl oder in der Margarine kräftig anbraten. Kurz in der Küchenmaschine zerkleinern, damit sich das Fleisch leichter kauen läßt. Die Zwiebel glasig dünsten, Paprika und Pilze dazugeben und alles 3 – 4 Minuten dünsten. Das Fleisch und die kleingeschnittenen Tomaten mit dem Saft dazugeben, ebenso den in Wasser aufgelösten Brühwürfel, den Hefeextrakt und gegebenenfalls die Worcestersauce. 25 Minuten bei schwacher Hitze köcheln lassen.

Inzwischen die Kartoffeln gar kochen (etwa 25 Minuten). Erbsen und Mais garen. Die Kartoffeln mit dem Käse und der Milch pürieren. Das Fleisch in 6 kleine Auflaufförmchen geben, mit einer Schicht Erbsen und Mais bedecken, darüber eine Schicht Kartoffelbrei streichen und mit Butterflöckchen bestreuen. Auf die obere Schiene des vorgeheizten Backofens stellen und bei 180 °C etwa 10 – 15 Minuten backen, bis die Oberfläche knusprig braun wird.

ERGIBT 6 PORTIONEN

Scarletts leckeres Reisgericht

Eine komplette Mahlzeit für Kinder, einfach zuzubereiten, gesund und köstlich. Meiner zweijährigen Tochter schmeckt dieses Gericht sehr gut, obwohl sie Fleisch sonst nicht so gern mag.

75 g Basmatireis
1 Zwiebel, geschält und gehackt
Pflanzenöl zum Braten
250 g Rinderhack
¹/₂ rote oder grüne Paprikaschote, entkernt und kleingeschnitten
1 EL gehackte Petersilie
1 EL Tomatenmark

Salz und frisch gemahlener schwarzer Pfeffer
2 Tomaten, abgezogen, entkernt und kleingeschnitten
100 g Tiefkühl-Erbsen
175 ml Hühner- oder Gemüsebrühe (Seite 33 f.)
125 ml naturreiner Apfelsaft

Den Reis gar kochen und gut abtropfen lassen. Die Zwiebel 2 – 3 Minuten im Öl anbraten. Das Hackfleisch dazugeben und anbräunen. Paprika, Petersilie und Tomatenmark hinzufügen, leicht würzen und weitere 3 – 4 Minuten garen. Dann Tomaten und Erbsen dazugeben, Brühe und Apfelsaft darübergießen und zugedeckt etwa 15 Minuten köcheln lassen. 5 Minuten vor dem Ende der Kochzeit den gargekochten Reis hineinrühren.

ERGIBT 3 PORTIONEN

Ungarisches Gulasch

Das Geheimnis eines guten ungarischen Gulaschs besteht darin, daß man das Gericht bei schwacher Hitze lange kochen läßt, damit das Fleisch weich und zart wird. Mit Nudeln oder Reis schmeckt es köstlich.

Salz und frisch geriebener
schwarzer Pfeffer
Mehl zum Wenden
500 g Rinderbraten, in kleine Würfel
geschnitten
Pflanzenöl zum Braten
3 kleine oder 2 große Zwiebeln,
geschält und in dünne Ringe
geschnitten

je 1 rote und grüne Paprikaschote,
entkernt und in Streifen geschnitten
1 EL Paprikapulver
1 große Dose Tomaten
2 EL Tomatenmark
2 EL gehackte Petersilie
300 ml Gemüsebrühe (Seite 34)
3 EL saure Sahne

Das Mehl mit Salz und Pfeffer würzen und die Fleischwürfel darin wenden. In einem Schmortopf das Fleisch im heißen Öl von allen Seiten anbraten. Die Zwiebelringe in einer Pfanne anbraten, bis sie weich sind. Die Paprikaschoten hinzufügen und alles noch 2 – 3 Minuten dünsten. Das Paprikapulver über das Gemüse streuen und weitere 2 Minuten garen.

Das Gemüse zum Fleisch in den Schmortopf geben und die übrigen Zutaten bis auf die saure Sahne hinzufügen. Zudecken und mindestens 3 Stunden im vorgeheizten Backofen bei 150 °C garen, dabei gelegentlich umrühren. Vor dem Servieren die saure Sahne in das Gulasch rühren.

ERGIBT 6 PORTIONEN

FRUCHTIGE PHANTASIEN

Es gibt nichts Köstlicheres oder Besseres für Ihr Kind als frisches, reifes Obst. Es läßt sich ausgezeichnet mit den Fingern essen, und Vitamine und Nährstoffe werden nicht durch Kochen zerstört. Mein Sohn Nicholas ißt so gern Obst, daß wir die Obstschüssel verstecken müssen, bis er mit dem Hauptgericht fertig ist.

Servieren Sie frisches Obst auf ansprechende Weise. Wählen Sie Obst in verschiedenen Farben, und schneiden Sie es zu interessanten Formen zurecht. Legen Sie Muster auf den Teller (wie auf der nächsten Seite abgebildet). Entfernen Sie vorher immer die Kerne – Kinder können sich leicht daran verschlucken –, und sorgen Sie dafür, daß Steinobst, wie Litschis, nie in Reichweite neugieriger kleiner Kinder liegt.

Es gibt unzählige Möglichkeiten, frisches Obst zuzubereiten. Man kann es pürieren oder grob raspeln und mit Hüttenkäse, Naturjoghurt oder Quark vermischen. Man kann es in Stücke schneiden, auf Spießchen stecken und mit einem Dip aus Naturjoghurt und Honig oder Quark mit

Obstpüree servieren. Man kann Götterspeise herstellen und frisches Obst hineingeben. Oder ein Bananensandwich zubereiten, indem man eine Banane der Länge nach halbiert, eine Seite mit Doppelrahm-Frischkäse bestreicht, eine Schicht Müsli hineindrückt, die andere Hälfte darauflegt und die gefüllte Banane in der Mitte durchschneidet. Wenn Sie Trockenobst in kochendem Wasser einweichen, läßt es sich gut aus der Hand essen. Oder servieren Sie Kompott aus Trockenobst mit heißer Vanillesoße. Im Kapitel »Köstliche Snacks« (Seite 123) finden Sie weitere Ideen.

Geben Sie Ihrem Kind auch exotisches Obst, zum Beispiel eine Khakifrucht. Sie sieht aus wie eine orangefarbene Tomate und schmeckt etwas nach Pflaume. Es gibt sie je nach Jahreszeit sogar in großen Supermärkten. Sie schmeckt gut mit Hüttenkäse oder Doppelrahm-Frischkäse. Papaya und Mango passen ebenfalls gut zu Milchprodukten. Kiwis sind eine gute Vitaminquelle. Geschält und in Scheiben geschnitten eignen sie sich gut als Snacks. Oft essen Kinder erstaunlich gern herb

schmeckende Zusammenstellungen, wie Apfel mit Brombeeren oder Stachelbeeren.

An heißen Tagen gibt es nichts Erfrischenderes als selbstgemachtes Eis am Stiel (Seite 115), das wesentlich gesünder ist als gekauftes Eis mit künstlichen Farb- und Aromastoffen.

Winterlicher Obstsalat ✳

Gemischtes Trockenobst – Apfelringe, getrocknete Aprikosen, Backpflaumen und manchmal auch Birnen und Pfirsiche – ist fast überall erhältlich. Geben Sie frisches Obst dazu und vielleicht auch ein paar Datteln Rosinen oder geröstete Pinienkerne, oder verwenden Sie das Lieblingsobst Ihres Kindes.

250 g Trockenobst
175 ml Apfel- oder Traubensaft
175 ml Wasser
1 Apfel, geschält, ohne Kerngehäuse
*   und in Scheiben geschnitten*
2 Orangen, in Filets geteilt
4 Pflaumen, geschält, entsteint und

in Scheiben geschnitten, oder
1 größere Birne, geschält, ohne
*   Kerngehäuse und in Scheiben*
*   geschnitten*
1 Banane, geschält und in Scheiben
*   geschnitten*

Das Trockenobst in Fruchtsaft und Wasser etwa 10 Minuten dünsten, dann das frische Obst dazugeben und weitere 3 – 4 Minuten köcheln lassen.

ERGIBT 5 PORTIONEN

Apfelschneemann

So wird ein Bratapfel für Kinder zu einer ganz besonderen Leckerei.

2 Kochäpfel
2 EL Rosinen
1 EL brauner Zucker
1/2 TL Zimt
1 EL Butter oder Margarine
2 EL Aprikosenkonfitüre

6 EL Wasser
1 Eiweiß
1 EL Zucker
2 Heidelbeeren, 2 Rosinen, 1 Erdbeere
    und 1 Kiwi zum Garnieren

Das Kerngehäuse der Äpfel ausstechen und die Äpfel einmal rundherum einritzen, damit sie im Ofen nicht platzen. Mit den Rosinen füllen, mit braunem Zucker und Zimt und mit Butterflöckchen bestreuen. Auf jeden Apfel 1 Teelöffel Konfitüre geben, die Äpfel in eine feuerfeste Form setzen und in die Form etwas Wasser gießen. 45 Minuten im vorgeheizten Backofen bei 180 °C backen.

Nach etwa 15 Minuten das Eiweiß halb steif schlagen, den Zucker hinzufügen und zu festem Eischnee schlagen. Auf jeden Apfel einen Klecks Eischnee geben. Die Äpfel mit der ausgetretenen Flüssigkeit bestreichen und die restlichen 30 Minuten backen. Mit dem Obst dekorieren. Dafür die Kiwi halbieren und jeweils eine Hälfte als Hut auf die Baisermasse setzen. Die Beeren für Knöpfe, Augen und Mund verwenden.

ERGIBT 2 PORTIONEN

Gebackene Birnen ✳

Ein einfaches und köstliches Dessert. Statt frischer Birnen kann man ersatzweise auch Birnenhälften aus der Dose nehmen.

*4 reife Birnen, geschält, halbiert und
  ohne Kerngehäuse
brauner Zucker zum Bestreuen*

*8 Stückchen Butter
200 g Naturjoghurt oder Crème
  Double*

Die Birnenhälften mit der ausgehöhlten Seite nach oben in eine feuerfeste Form legen, etwas braunen Zucker und ein Stückchen Butter in jede Hälfte geben (wenn Sie Joghurt verwenden, brauchen Sie etwas mehr Zucker). Mit Joghurt oder Crème Double übergießen und im vorgeheizten Backofen bei 180 °C etwa 10 Minuten backen.

ERGIBT 4 PORTIONEN

Applepie mit Zimt

Warm mit Eiscreme serviert ein köstlicher Nachtisch.

*50 g Butter oder Margarine
125 g brauner Zucker
1 Ei
100 g Mehl
1 TL Backpulver
1 Prise Salz
50 ml Milch*

*2–3 große Kochäpfel, geschält, ohne
  Kerngehäuse und in dünne Spalten
  geschnitten
2 EL Rosinen
$1/2$ TL Zimt
$1/4$ TL Lebkuchengewürz*

Das Fett, 50 g Zucker und das Ei schaumig rühren. Das Mehl durchsieben, mit Backpulver mischen und nach und nach mit der Milch und 1 Prise Salz unter die Masse rühren. Es soll ein relativ flüssiger Rührteig entstehen.

Die Apfelspalten mit dem übrigen Zucker, Rosinen, Zimt und Lebkuchengewürz vermischen und in eine gefettete Pieform mit 26 cm Durchmesser füllen. 1 Eßlöffel Wasser darübergeben. Den Teig mit einem Eßlöffel gleichmäßig über die Äpfel streichen. Er verteilt sich während des Backens vollständig. Etwa 40 Minuten im vorgeheizten Backofen bei 180 °C backen.

ERGIBT 8 PORTIONEN

Beerencreme ✽

Dieses Rezept eignet sich gut, wenn die Beeren nicht süß genug sind, um sie roh zu essen. Ich serviere diese köstliche Nachspeise in hohen Gläsern, das sieht ganz toll aus.

250 g Brombeeren, frisch oder tiefgefroren
250 g Himbeeren, frisch oder tiefgefroren

250 g Erdbeeren, frisch oder tiefgefroren
50 g Zucker
125 g Sahne
200 g Naturjoghurt

Die Hälfte der Beeren mit dem Zucker und 1 Eßlöffel Wasser in einem Topf 3–4 Minuten dünsten. Die gekochten Beeren durch das Passiersieb streichen, um die Kerne zu entfernen. Die Sahne steif schlagen, unter den abgekühlten Obstbrei heben (er wird davon wunderschön violett) und den Joghurt darunterziehen, so daß ein Muster entsteht. In jedes Glas etwas von den frischen Beeren geben und etwas Zucker darüberstreuen. Die Obstcreme in die Gläser füllen.

ERGIBT 4 PORTIONEN

Gebackene schwarze Bananen ✳

Diese Nachspeise gehört zu den Lieblingsdesserts meiner Familie. Warm mit Vanilleeis schmeckt sie besonders gut. Sie ist leicht zuzubereiten, und die Kinder schauen fasziniert zu, wie die Bananenschalen schwarz werden!

3 große oder 4 kleine Bananen
30 g Butter oder Margarine
30 g brauner Zucker

100 ml frisch ausgepreßter Orangen-
saft
1 EL Zitronensaft
¼ TL gemahlener Zimt

Die Bananen der Länge nach einmal einschneiden und auf ein Backblech legen. Im vorgeheizten Backofen bei 200 °C backen, bis die Schalen schwarz werden (etwa 15 Minuten). Inzwischen das Fett bei schwacher Hitze in einer Pfanne zerlassen und die restlichen Zutaten hineinrühren. Zum Kochen bringen und etwa 3 Minuten sprudelnd kochen lassen. Die gebackenen Bananen schälen, in die Soße legen und etwa 3 – 4 Minuten ziehen lassen, gut damit bestreichen und häufig wenden.

ERGIBT 4 PORTIONEN

Selbstgemachtes Eis am Stiel

Im Sommer, wenn es kleinen Kindern so warm ist, daß sie nicht essen mögen, ist ein schönes kühles Eis oft das einzige, womit man sie noch locken kann. Ich habe festgestellt, daß Kinder vieles, was sie vom Teller nicht essen wollen, doch gefroren von einem Stiel ablutschen. Eisförmchen aus Plastik sind nicht teuer und in den meisten Supermärkten erhältlich. Wenn das Eis gefroren ist, löst man die Förmchen unter heißem Wasser wieder ab. Im Gegensatz zu gekauftem Eis enthält dieses Eis am Stiel weder künstliche Farb- und Aromastoffe noch andere Zusatzstoffe.

BEERENEIS

Erdbeeren oder Himbeeren mit etwas Wasser und Zucker nach Geschmack dünsten. Die Mischung durch ein Sieb streichen und mit schwarzem Johannisbeersaft abschmecken.

REGENBOGENEIS

Nacheinander zuerst Orangensaft, dann schwarzen Johannisbeersaft und zum Schluß Ananassaft schichtweise gefrieren lassen.

MANGOSCHLECKEREI

200 g Naturjoghurt, $1/2$ reife Mango und 1 Eßlöffel Ahornsirup vermischen.

PFLAUMENJOGHURT

Aus frischen Pflaumen und etwas Zucker ein Püree zubereiten und mit etwas Naturjoghurt verquirlen.

OBSTSALAT-LOLLY

125 ml frisch gepreßten Orangensaft mit 1 Birne, 1 Pfirsich und 1 kleinen Banane mischen und pürieren.

TROPICANA

1 Orange (filetiert), 1 Pfirsich und 1 Mango zusammen pürieren

WASSERMELONENEIS

Ein Stück Wassermelone entkernen und pürieren.

ERDNUSS-PARADIES

Erdnußmus, weiches Vanilleeis und Erdbeermarmelade (besser ist frisches Erdbeerpüree: Erdbeeren einfach mit etwas Zucker und Zitronensaft pürieren) vermischen.

DAS BESONDERE PAUSENBROT

Die Ernährung vieler Kinder ist zu fett, zu süß und zu salzig. Sie enthält häufig zu wenig Vitamine und Mineralstoffe, die für das Wachstum und eine gesunde Entwicklung notwendig sind. Manche Schulkinder ernähren sich nicht nur in der Pause, sondern oft den ganzen Tag über hauptsächlich von Brötchen, Pommes frites, Chips, Schokolade und zuckerhaltigen Getränken. Obst oder gar Gemüse sind relativ selten Bestandteil der Pausenmahlzeit.

Kindern ist es völlig gleichgültig, wie gesund ihr Essen ist. Hauptsache, es schmeckt und sieht verlockend aus! Mit Hilfe von Ausstechförmchen können Sie zum Beispiel langweilige Butterbrote zu kleinen Leckerbissen machen. Ihr Kind wird ein Butterbrot in Form eines Teddybären, das auch bei den Klassenkameraden auf Interesse stößt, viel lieber essen. Packen Sie die Pausenmahlzeit in bunte Papiertüten, machen Sie Spießchen aus Käse-, Obst- oder Gemüsestücken (von einem Stäbchen schmeckt das Essen viel besser), oder zeichnen Sie mit einem Filzstift ein Gesicht auf die Bananenschale.

Solche Kleinigkeiten bedeuten einem Kind viel und ermuntern es zum Essen.

Zugegeben, das bedeutet für Sie einen zusätzlichen Zeitaufwand, vielleicht auch noch am frühen Morgen. Aber bedenken Sie, daß es um die gesunde Entwicklung Ihres Kindes geht.

Mit etwas Phantasie kann man köstliche und abwechslungsreiche Mahlzeiten zum Mitnehmen kreieren. Oft bleibt etwas vom Mittagessen übrig – Hühner- oder Fischbällchen oder Hähnchenstreifen –, und vieles kann man schon am Vorabend zubereiten. Um ein Butterbrot oder einen Obstsalat bei heißem Wetter kühl zu halten, packt man sie neben ein eiskaltes Getränk.

Lassen Sie Ihr Kind mitentscheiden, was es in den Kindergarten, in die Schule oder auf einen Ausflug mitnehmen möchte, und beteiligen Sie es an den Vorbereitungen, wenn das zeitlich möglich ist. Kinder sind begeistert, wenn sie ein Ei pellen oder mit einem Ausstechförmchen Figuren aus Brot stechen dürfen. Im Kapitel »Leckereien für Kinderfeste« (Seite 141) finden Sie viele Ideen für Brotaufstriche.

WEITERE ANREGUNGEN FÜR ESSEN ZUM MIT-
NEHMEN:

• Mini-Käseportionen mit Birne
• Hühnchenfleischspieße (Seite 101)
• Einen Apfel halbieren, Kerngehäuse ent-
fernen, die Apfelhälften mit Doppelrahm-
Frischkäse oder Erdnußmus füllen und
den Apfel wieder zusammenklappen und
in Folie wickeln
• Studentenfutter
• Naturjoghurt und 1 Banane
• Obstspießchen aus verschiedenen Obst-
sorten
• Spießchen aus rohem Gemüse mit Dip
(Seite 130 f.). Den Dip in eine kleine dicht
schließende Plastikdose füllen.
• Pizzastücke
• Röllchen aus Puten- oder Hühnerstreifen, mit einem Cocktailstäbchen zusam-
mengesteckt
• Ein hartgekochtes Ei halbieren, das
Eigelb mit Doppelrahm-Frischkäse, zer-
pflücktem und abgetropftem Thunfisch
oder kleingeschnittenem Hühnerfleisch
vermischen, wieder in die Eihälfte drücken
und in Frischhaltefolie verpacken
• Aus Käsescheiben beliebige Figuren ausstechen
• Kleine gefüllte Fladenbrote sind bei Kindern sehr beliebt: Rohkost (Blattsalat, Tomaten, Gurken oder geraspelte Karotten)
mit etwas Joghurtdressing in das Fladenbrot füllen und in Frischhaltefolie wickeln.
Man kann auch noch eine Scheibe Wurst
oder Käse dazwischenlegen.

FOLGENDE GERICHTE EIGNEN SICH EBENFALLS GUT
ZUM MITNEHMEN:

• Hühnchenkeulen mit Barbecuesoße
(Seite 93)
• Zwiebel-Käse-Tomaten-Torte (Seite 77)
• Zucchini-Kartoffel-Küchlein und Käse-
küchlein (Seite 74 und 129)
• Fischförmige Lachsplätzchen (Seite 87)
• Meerjungfrau-Häppchen (Seite 85)
• Karotten-Ananas-Küchlein (Seite 137)
• Goldgelbe Apfel-Rosinen-Küchlein
(Seite 136)
• Bärenstarkes Bananenbrot (Seite 66)
• Mini-Fleischbällchen (Seite 105)

Stecken Sie Ihrem Kind auf jeden Fall
immer ein Stück frisches Obst in die Kin-
dergarten- oder Schultasche. So lernt es
mit den einfachsten und natürlichsten
Snacks seinen Hunger zu stillen!

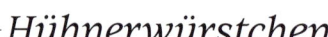

Hühnerwürstchen

Diese schön saftigen Hühnerwürstchen lassen sich kalt wunderbar mit den Fingern essen. Man kann sie auch sehr gut einfrieren. Geben Sie Ihrem Kind einfach 3 oder 4 Stück davon mit.

2 Hühnerbrüste, ohne Haut und
*   Knochen (etwa 250 g)*
250 ml Hühner- oder Gemüsebrühe
*   (Seite 33 f.)*
1 Zwiebel, geschält und feingehackt
30 g Butter oder Margarine
30 g Mehl

30 g Greyerzer, gerieben
Salz und frisch gemahlener
*   schwarzer Pfeffer*
1 Ei
Mehl zum Wenden
Margarine oder Öl zum Braten

Die Hühnerbrüste in Stücke schneiden und in der Brühe gar kochen (etwa 10 Minuten). Die Hühnchenstücke aus der Brühe nehmen und abtropfen lassen. Die Brühe aufbewahren. Die Zwiebel im Fett weich dünsten (etwa 6 Minuten). Das Hühnerfleisch in der Küchenmaschine zerkleinern, in die Pfanne zu den Zwiebeln geben und noch einige Minuten garen. Das Mehl hinzufügen, verrühren und nach und nach unter ständigem Rühren 150 ml von der Brühe hinzugeben. So lange köcheln lassen, bis die Soße andickt. Dann den Käse hineinrühren und mit etwas Salz und frisch gemahlenem schwarzen Pfeffer abschmecken.

   Die Mischung in eine Schüssel geben und abkühlen lassen. Mit nassen Händen aus der Masse kleine Würstchen formen. Diese zuerst im verquirlten Ei und dann im Mehl wenden. Im heißen Fett von allen Seiten gleichmäßig goldbraun braten.

ERGIBT 10 WÜRSTCHEN

Süße Hühnersalat-Tasche

50 g gekochtes Hühnerfleisch,
  kleingeschnitten
1 EL geriebener Greyerzer oder
  Emmentaler
1 TL in feine Ringe geschnittene
  Frühlingszwiebel (nach Geschmack)

1 EL Ananas- oder Pfirsichstückchen,
  eventuell aus der Dose
etwas kleingeschnittener Blattsalat
1 EL Mayonnaise
1 kleines rundes Fladenbrot

Einfach alle Zutaten vermischen und in das Fladenbrot füllen.

ERGIBT 2 PORTIONEN

Hühnerbällchen mit Äpfeln und Zucchini

Huhn mit Apfel ist eine Kombination, die Kinder sehr gern mögen.

2 Hühnerbrüste, in Stücke
  geschnitten
1/2 kleine Zwiebel, geschält und
  feingehackt
1 kleine Zucchini, grob geraspelt
2 Äpfel (Granny Smith), geschält und
  gerieben

1 Spritzer Zitronensaft
4 EL Weizenkeime
1 Würfel Hühnerbrühe
1/2 Ei
Salz und frisch gemahlener
  schwarzer Pfeffer
Pflanzenöl zum Braten

Alle Zutaten bis auf das Ei, die Gewürze und das Öl vermengen und in der Küchenmaschine zerkleinern. Das verquirlte Ei hinzugeben, würzen und gut vermischen. Aus der Masse walnußgroße Bällchen formen und im Öl goldbraun braten. Man kann die Bällchen auch in Hühnerbrühe oder Tomatensoße etwa 8 Minuten ziehen lassen.

ERGIBT ETWA 15 BÄLLCHEN

Vermicelli-Omelett

Kinder essen mit Vorliebe Nudeln. Dieses Gericht eignet sich gut zum Mitnehmen. Ich verwende hier Zwiebeln, rote Paprika und Erbsen, aber Sie können natürlich auch die Lieblingsgemüse Ihres Kindes verwenden. Essen Sie den Rest selbst oder frieren Sie ihn portionsweise ein, dann haben Sie schnell ein Gericht zur Hand, wenn Sie es brauchen.

*1 kleine Zwiebel, geschält und
    gehackt
1/2 rote Paprikaschote, entkernt und
    kleingeschnitten
Butter oder Margarine zum Braten*

*75 g Vermicelli
3 Eier
Salz und frisch gemahlener
    schwarzer Pfeffer
100 g Tiefkühl-Erbsen*

Zwiebeln und Paprika im Fett weich dünsten. Die Vermicelli in Salzwasser gar kochen, abgießen und kleinschneiden. Die Eier mit Salz und Pfeffer schaumig schlagen. Zwiebel, Paprika, Erbsen und Vermicelli hinzufügen und

alles gut verrühren. Butter oder Margarine in einer Pfanne mit schwerem Boden (ca. 20 cm Durchmesser) zerlassen und gut schwenken, so daß der Pfannenrand zur Hälfte mit Fett behaftet ist. Die Eiermasse bei schwacher Hitze etwa 8–10 Minuten braten, bis das Omelett auf der unteren Seite leicht gebräunt ist. Dann wenden und weitere 3 Minuten braten.

ERGIBT 6 PORTIONEN

Nudelsalat mit Apfeldressing ✳

Zum Dämpfen des Gemüses können Sie Dampfeinsätze verwenden, die in jeden Topf passen. Dämpfen Sie zuerst Brokkoli und Blumenkohl im Dampfeinsatz, und geben Sie 3 Minuten später den Mais und die Paprikaschote dazu.

150 g Hörnchennudeln
1 Hühnerbrust, ohne Haut und
  Knochen
150 ml Hühner- oder Gemüsebrühe
  (Seite 33 f.)
50 g Blumenkohlröschen
50 g Brokkoliröschen
1 Zucchini, in Scheiben geschnitten
50 g Tiefkühl-Mais

¹/₄ rote Paprikaschote, entkernt und
  gehackt
1¹/₂ EL Balsamico oder Weinessig
2 EL Apfelsaft
2 EL Olivenöl
Salz und frisch gemahlener
  schwarzer Pfeffer
1 gehäufter EL gehackte Frühlings-
  zwiebeln oder Schnittlauch

Die Nudeln in Salzwasser gar kochen. Die Hühnerbrust in kleine Stücke schneiden und in der Brühe gar ziehen lassen (etwa 8 Minuten). Blumenkohl und Brokkoli in einen Dampftopf geben und etwa 3 Minuten dämpfen. Dann Zucchini, Mais und Paprika hinzufügen und das ganze Gemüse weitere 3 Minuten dämpfen. Das Gemüse soll noch knackig sein.

Für das Dressing den Essig mit Apfelsaft, Öl und Gewürzen gut verrühren, dann die Frühlingszwiebeln oder den Schnittlauch dazugeben. Die abgetropften Nudeln, das Gemüse und das Hühnerfleisch in eine Schüssel geben, das Dressing darübergießen und gut mischen.

ERGIBT 4 PORTIONEN

Hühnchen-Kartoffel-Pfannkuchen

Ein köstlicher, dicker Pfannkuchen, außen goldgelb und knusprig und innen schön saftig, der auch kalt gut schmeckt. Man kann das Rezept verändern, indem man andere Gemüse, wie grob geraspelte Zucchini oder gehackte Paprikaschoten, hinzugibt. Ich verwende eine mittelgroße Bratpfanne.

1 Hühnerbrust, ohne Haut und Knochen, in größere Stücke geschnitten, oder gegarte Reste Hühnerfleisch
300 ml Hühner- oder Gemüsebrühe (Seite 33 f.)
1 große Kartoffel, geschält und gerieben

1 Zwiebel, geschält und gehackt
40 g Tiefkühl-Erbsen
1 kleines Ei
1 EL Mehl
Salz und frisch gemahlener schwarzer Pfeffer
2 EL Pflanzenöl

Das Hühnchenfleisch in der Brühe garen (15 bis 20 Minuten). Die Flüssigkeit aus der geriebenen Kartoffel herausdrücken und die Kartoffelmasse mit Zwiebel, Erbsen und Mehl vermengen. Mit Salz und Pfeffer würzen. Das gekochte Hühnerfleisch klein würfeln und zu der Mischung geben.
1 Eßlöffel Öl gleichmäßig in der Pfanne erhitzen, den Pfannkuchenteig in die Pfanne geben und flachdrücken. Etwa 5 Minuten bei mittlerer Hitze braten, bis der Pfannkuchen auf der unteren Seite schön braun ist. Den Pfannkuchen aus der Pfanne auf einen Teller gleiten lassen. Dann das restliche Öl erhitzen, den Pfannkuchen umgekehrt in die Pfanne geben und nochmal etwa 5 Minuten braten.

ERGIBT 4 PORTIONEN

KÖSTLICHE SNACKS

Gesunde Zwischenmahlzeiten sind ein wesentlicher Bestandteil der Kinderernährung. Auch für Jugendliche und Erwachsene sind sie wichtig. Ideal sind täglich drei Haupt- und zwei Zwischenmahlzeiten. Vor allem kleine Kinder haben zu den Hauptmahlzeiten oft nicht den rechten Appetit, und so ist es um so wichtiger, leckere, gesunde Snacks dazwischen anzubieten.

Wenn Sie Ihrem Kind schon sehr früh beibringen, als Snacks frisches Obst, Karotten oder Käse statt Schokolade, Süßigkeiten oder Eis zu essen, ist die Wahrscheinlichkeit groß, daß es diese viel gesündere Ernährungsweise auch im späteren Leben beibehält.

Vergessen Sie nicht, daß viele gekaufte herzhafte Snacks auch nicht besser sind als die süßen. Sie enthalten häufig viel Fett, Salz und stark bearbeitetes Getreide sowie künstliche Farb- und Aromastoffe und sind arm an wertvollen Nährstoffen. Generell sind diese Produkte für Babys und Kleinkinder nicht geeignet, auch wenn die Verpackung manchmal das Gegenteil vermittelt. Probieren Sie anstelle von Chips lieber die folgenden Rezepte aus. Außerdem eignen sich auch noch andere Rezepte in diesem Buch für Zwischenmahlzeiten: »Karotten-Ananas-Küchlein« (Seite 137), »Goldgelbe Apfel-Rosinen-Küchlein« (Seite 136), »Sesam-Tofu-Streifen« (Seite 76), »Meerjungfrau-Häppchen« (Seite 85), »Leber-Brotaufstrich nach Großmutters Rezept« (Seite 99), »Hühnerwürstchen« (Seite 118), »Hühnerbällchen mit Äpfeln und Zucchini« (Seite 119) und »Gefülltes Fladenbrot« (Seite 117).

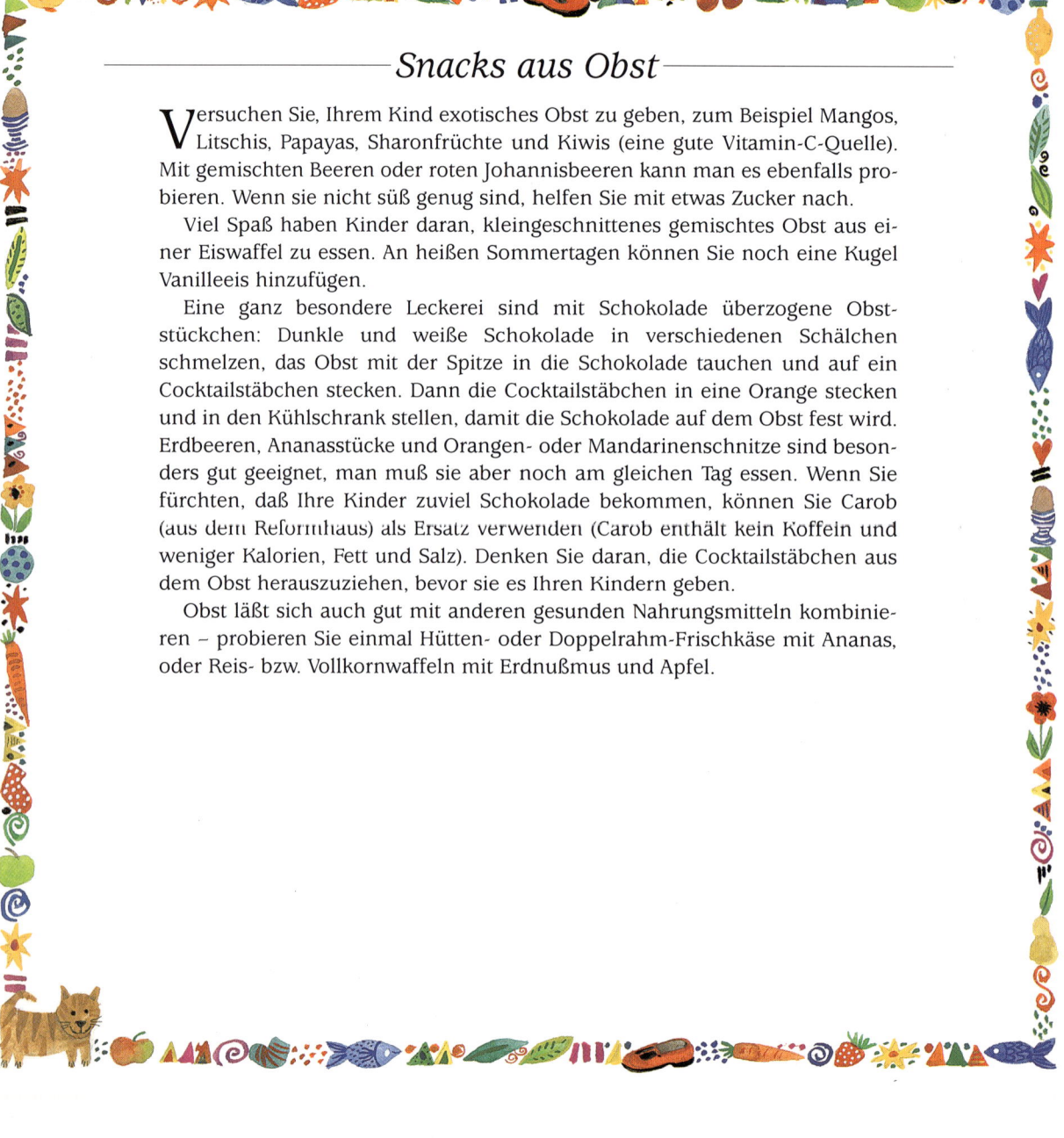

Snacks aus Obst

Versuchen Sie, Ihrem Kind exotisches Obst zu geben, zum Beispiel Mangos, Litschis, Papayas, Sharonfrüchte und Kiwis (eine gute Vitamin-C-Quelle). Mit gemischten Beeren oder roten Johannisbeeren kann man es ebenfalls probieren. Wenn sie nicht süß genug sind, helfen Sie mit etwas Zucker nach.

Viel Spaß haben Kinder daran, kleingeschnittenes gemischtes Obst aus einer Eiswaffel zu essen. An heißen Sommertagen können Sie noch eine Kugel Vanilleeis hinzufügen.

Eine ganz besondere Leckerei sind mit Schokolade überzogene Obststückchen: Dunkle und weiße Schokolade in verschiedenen Schälchen schmelzen, das Obst mit der Spitze in die Schokolade tauchen und auf ein Cocktailstäbchen stecken. Dann die Cocktailstäbchen in eine Orange stecken und in den Kühlschrank stellen, damit die Schokolade auf dem Obst fest wird. Erdbeeren, Ananasstücke und Orangen- oder Mandarinenschnitze sind besonders gut geeignet, man muß sie aber noch am gleichen Tag essen. Wenn Sie fürchten, daß Ihre Kinder zuviel Schokolade bekommen, können Sie Carob (aus dem Reformhaus) als Ersatz verwenden (Carob enthält kein Koffein und weniger Kalorien, Fett und Salz). Denken Sie daran, die Cocktailstäbchen aus dem Obst herauszuziehen, bevor sie es Ihren Kindern geben.

Obst läßt sich auch gut mit anderen gesunden Nahrungsmitteln kombinieren – probieren Sie einmal Hütten- oder Doppelrahm-Frischkäse mit Ananas, oder Reis- bzw. Vollkornwaffeln mit Erdnußmus und Apfel.

Monster in Käfigen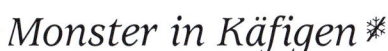

Die Zubereitung dieser lustigen Snacks dauert nur 5 Minuten. Ältere Kinder werden mit Vergnügen selbst die verschiedensten Monster erfinden, je nachdem, welche Zutaten Sie gerade zur Hand haben.

1 Banane oder Kiwi, geschält
Doppelrahm-Frischkäse
zerdrückte Cornflakes
1 blaue Weintraube
2 Heidelbeeren oder Rosinen

1 Dattel oder Weintraube
1 große Orange
1 EL gehackte Kresse
Cocktailstäbchen

V on der Banane ein 6 cm langes Stück abschneiden oder das Monster aus einer reifen Kiwi herstellen. Die Banane (oder Kiwi) mit etwas Frischkäse bestreichen und in den zerdrückten Cornflakes wenden. Die Weintrauben halbieren und mit einem Klecks Frischkäse als Auge auf die Banane kleben. In die Mitte jeweils mit Frischkäse die Blaubeeren oder Rosinen kleben. Eine Dattel oder eine Weintraube als Nase ankleben.

Aus der Mitte einer dicken Orange 2 dünne Scheiben schneiden. Das Monster auf eine Orangenscheibe setzen und mit der Kresse umlegen, Cocktailstäbchen als »Gitterstäbe« ringsum in den Rand stecken und die andere Orangenscheibe auf die Stäbchen aufspießen, so daß sie das Dach des »Käfigs« bildet.

ERGIBT 1 MONSTER IM KÄFIG

Drei blinde Mäuse auf Toast ✳

Dieser witzige Snack sieht aus wie drei Mäuse, die sich unter einer Decke verstecken. Die Idee dazu habe ich aus einem amerikanischen Kochbuch. Auf diese Weise macht man Kindern Tomaten und Käse auf Toast schmackhaft, und die Zubereitung ist ganz einfach.

1 Scheibe Vollkorntoast
Butter oder Margarine zum
*   Bestreichen*
6 Kirschtomaten

2 Scheiben Käse (zum Beispiel
*   Greyerzer)*
6 kleine Bretzeln oder ein paar
*   gekochte Spaghetti*

Das Brot toasten, mit Butter oder Margarine bestreichen und halbieren. Eine dünne Scheibe von den Tomaten abschneiden, damit sie stehen können, jeweils 3 in einer Reihe auf ein Stück Toast setzen und die Käsescheiben darüberlegen.

Den Toast bei 600 Watt etwa 30 Sekunden in der Mikrowelle garen oder etwa 1 Minute unter den vorgeheizten Grill stellen (bis der Käse geschmolzen ist). Als Schwänzchen die Bretzel- oder Spaghettistückchen in die Tomaten stecken.

ERGIBT 2 TOASTHÄLFTEN MIT JE 3 BLINDEN MÄUSEN

Gemüsespaghetti

Dieses Gericht kommt immer gut an! Nach Geschmack mit gehackten Kräutern bestreuen.

je 1 große Karotte und Zucchini   *Butter oder Margarine zum Braten*

Die Karotte und die Zucchini mit einem Kartoffelschälmesser in lange dünne Streifen schneiden, etwas Butter oder Margarine in einer Pfanne zerlassen, die Gemüsespaghetti hinzufügen und etwa 3 Minuten darin dünsten.

ERGIBT 2 PORTIONEN

Fruchtige Spießchen

Kinder lieben Essen auf Spießen, und zu besonderen Gelegenheiten kann man Obst in Schokolade tauchen (Seite 124). Stecken Sie gleich mehrere Spieße in eine dicke Orange oder Grapefruit, und komponieren Sie die Spießchen aus folgenden Zutaten (Äpfel und Bananen mit Zitronensaft beträufeln):

Käsewürfel   *Erdbeeren*
gekochte Hühnerfleischstückchen   *Ananasstücke*
Kirschtomaten   *Melonenstücke*
Gurkenstücke   *Kiwischeiben*
Apfelstücke   *Bananenscheiben*
Weintrauben   *Trockenobst*

Schaumiger Käse-Tomaten-Toast ✳

Dieses Gericht ist leicht und schnell zubereitet und so lecker, daß auch ich nie widerstehen kann. Als Abwandlung kann man statt der Tomaten auch 50 g Champignons nehmen.

1 EL Butter oder Margarine
1 Tomate, abgezogen, entkernt und
  kleingeschnitten

1 Ei, getrennt
40 g Cheddar oder Gouda, gerieben
2 Scheiben Vollkorntoast

Die Butter oder Margarine in einer kleinen Pfanne erhitzen. Die Tomatenstückchen hinzufügen und etwa 1 Minute darin schmoren. Das Eigelb mit dem geriebenen Käse und der Tomate vermischen. Das Eiweiß steif schlagen und unter die Käsemischung heben. Die Masse auf den beiden Toastscheiben verteilen und unter dem vorgeheizten Grill oder im vorgeheizten Backofen 7–10 Minuten bei 200 °C goldgelb backen.

ERGIBT 2 PORTIONEN

Käseküchlein

Diese Küchlein lassen sich gut einfrieren. Nach Bedarf können Sie sie mit Alufolie bedeckt im Backofen aufbacken. In den Teig kann man noch 1 große geriebene Karotte oder 1–2 Eßlöffel Maiskörner geben.

2 Eier
50 ml Pflanzenöl
125 g Doppelrahm-Frischkäse
2 EL Ahornsirup
75 g mittelalter Gouda, gerieben

100 g weißes Mehl
100 g Weizenvollkornmehl
2 TL Backpulver
1/2 TL Salz

Eier, Öl, Frischkäse, Ahornsirup und Käse in eine Schüssel geben und zu einer cremigen Masse verrühren. Mehl, Backpulver und Salz in eine zweite Schüssel geben und mischen. Eßlöffelweise vorsichtig unter die Käsemischung heben. Auf ein mit Papierförmchen ausgelegtes Muffinblech (gibt's im Fachhandel) geben und im vorgeheizten Backofen bei 180 °C etwa 20 Minuten backen.

ERGIBT 12 KÜCHLEIN

Bananengesicht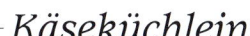

Reiswaffeln sind bei Kindern sehr beliebt; wahrscheinlich, weil sie die Konsistenz mögen. Mit diesem nahrhaften Belag wird eine Reiswaffel zu einem lustigen Snack.

1 Reiswaffel
Erdnußmus oder Doppelrahm-
  Frischkäse

2 Scheiben Banane
1 Kirschtomate
Rosinen

Die Reiswaffel mit Erdnußmus oder Frischkäse bestreichen und die Bananenscheibchen als Augen, die Kirschtomate als Nase und die Rosinen als lachenden Mund daraufsetzen.

ERGIBT 1 PORTION

Tier-Dips

Leckere Dips mit rohem Gemüse, Sesamstangen, Crackern, Chips oder bißfest gegartem Gemüse ergeben für Kinder jeden Alters eine gute Zwischenmahlzeit. Es ist ganz einfach, aus den Dips Tiergesichter zu machen. Die Farbe des Dips wird Sie inspirieren: Avocado für einen Frosch, Erdnuß für einen Löwen, Frischkäse und Tomate für ein Schwein. Die wenigen Minuten, die Sie für das Anrichten verwenden, lohnen sich! Zum Eintunken können Sie Ihrem Kind zum Beispiel anbieten:

Karottenstreifen
Streifen von roten, gelben oder
  grünen Paprikaschoten
rohe Blumenkohlröschen
Gurkenstreifen

Avocadoscheiben
Bleichselleriestangen
Kirschtomaten
Radicchio- oder Chicoreeblätter

Erdnuß-Löwen-Dip ✷

Dieser Dip schmeckt sowohl mit Obst als auch mit Gemüse.

125 g Naturjoghurt
50 g Doppelrahm-Frischkäse
3 EL Erdnußmus
1 EL Ahornsirup
Kartoffel-Sticks oder Sesamstangen,
  gekochte Spaghetti, Streifen von
  gelber Paprika, Bleichsellerie

Karottenstreifen
1 Scheibe Champignon
2 Oliven oder 2 ovale Scheibchen
  Käse
2 Heidelbeeren
rote Paprikaschote oder Tomate

Joghurt, Frischkäse, Erdnußmus und Sirup einfach verrühren und dann dekorieren: mit den Kartoffel-Sticks oder einer der Alternativen oder auch einer Kombination davon die Mähne gestalten, mit den Karottenstreifen die Schnurrbarthaare, mit der Champignonscheibe die Nase und mit Oliven oder Käse (die Heidelbeeren in der Mitte) die Augen. Zum Schluß wird mit einem Streifen roter Paprika oder Tomate das Maul angedeutet.

ERGIBT 250 GRAMM

Avocado-Frosch-Dip ✳

2 Gurken- und Olivenscheiben bilden die Augen, das Maul wird durch Schnitt-
lauchstengel angedeutet.

1 kleine Avocado
1/4 Zwiebel, geschält und feingehackt
1/4 rote Paprika, entkernt und
   feingehackt
1 Spritzer Zitronensaft

1 EL Schnittlauchröllchen
100 g Doppelrahm-Frischkäse
Salz und frisch gemahlener
   schwarzer Pfeffer

D ie Avocado halbieren, den Stein
entfernen und das Fleisch herauslöffeln. Alle Zutaten vermischen
und leicht würzen.

Ergibt 250 Gramm

Kleine Überraschungen

Wenn Sie mit Ihren Kindern unterwegs sind, sollten Sie kleine Imbißtüten vor-
bereiten. Sie können dazu bunte Mini-Tragetaschen nehmen und diese mit
gesundem Essen füllen. Hier einige Beispiele, die eine gesunde Alternative zu
Chips und Schokolade sind.

Kleine, einzeln verpackte Käse-
   stückchen
Kirschtomaten
Trockenobst wie Apfelringe, Datteln,
   Aprikosen, Rosinen, Bananenchips
Karotten-, Bleichsellerie- oder
   Gurkenstücke

Weintrauben, Pflaumen, Apfel-
   scheiben
Frühstücksflocken
Sesamstangen
Vollkornprodukte wie ungesüßtes
   Popcorn, Vollkornkekse, Reis- oder
   Vollkornwaffeln

KEKSE, KUCHEN UND KÜCHLEIN

Viele Mütter greifen nach der Keksdose, um ihren Kindern zwischendurch etwas zu essen zu geben. Die Regale in den Supermärkten sind voll von zuckersüßen Keksen und bunten Süßigkeiten in verlockenden Verpackungen, die gerade Kinder ansprechen sollen. Meist enthalten diese Produkte nur »leere« Kalorien, also sehr wenig Nährstoffe, sie verderben den Appetit Ihres Kindes auf gesündere Nahrung und schaden den Zähnen.

Warum also nicht selbst leckere Kuchen und Kekse backen? Zumindest wissen Sie dann ganz genau, was Ihr Kind zu sich nimmt. Mit etwas Phantasie und ein paar lustigen Keksförmchen können Sie dieses Gebäck ebenso ansprechend gestalten wie das gekaufte. Vor allem die Küchlein sind bei meinen Kindern sehr beliebt. Sie bestehen aus gesunden Zutaten, und die Kinder freuen sich, daß sie alle ihren eigenen kleinen Kuchen bekommen.

Knusprige Schokoladen-Hafer-Kekse

Diese Kekse sind leicht zu backen, aber es ist schwer, ihnen zu widerstehen! Man kann statt Vollmilchschokoladen-Chips auch Chips aus weißer Schokolade, Rosinen oder kleingeschnittenes Trockenobst verwenden.

100 g Butter oder Margarine
75 g brauner Zucker
75 g weißer Zucker
1 Ei
1 EL Milch
1 Messerspitze Naturvanille

100 g Weizenvollkornmehl
1 TL Backpulver
1/2 TL Salz
80 g Haferflocken
50 g Haselnüsse, grob gehackt
150 g Vollmilchschokoladen-Chips

Butter oder Margarine mit dem Zucker schaumig schlagen. Ei, Milch und Vanille hinzufügen und verrühren. Mehl, Backpulver und Salz mischen und unter die schaumige Masse rühren. Zum Schluß Haferflocken, Haselnüsse und Schokoladenchips hineinrühren. Schüssel mit einem Tuch zudecken und den Teig mindestens 1 Stunde kühl stellen.

2 Backbleche mit Backpapier auslegen. Aus dem Teig walnußgroße Bällchen formen, auf die Bleche setzen und etwas flachdrücken. Dabei auf ausreichend Abstand achten. Das erste Blech in den vorgeheizten Backofen auf die mittlere Schiene schieben und 12–15 Minuten bei 180 °C backen. Anschließend die Kekse auf dem zweiten Blech backen. Wenn die Kekse aus dem Ofen kommen, sind sie noch recht weich, werden aber beim Abkühlen hart.

ERGIBT ETWA 24 KEKSE

Saftige Vollkornkekse

Diese leckeren Kekse sind mit gesunden Zutaten gebacken, und trotzdem zergehen sie auf der Zunge!

50 g Butter oder Margarine
65 g weicher brauner Zucker
1 Ei
1 Messerspitze Naturvanille
50 g Weizenkeime
50 g Haferflocken
40 g Weizenvollkornmehl

$^{1}/_{2}$ TL Backpulver
1 Messerspitze Salz
6 große Datteln, entsteint und kleingeschnitten
75 g Rosinen
50 g Haselnüsse, gehackt

Butter oder Margarine mit dem Zucker schaumig schlagen. Ei und Vanille dazugeben und verrühren. In einer anderen Schüssel Weizenkeime, Haferflocken, Mehl, Backpulver und Salz vermischen. Zur Zucker-Fett-Masse geben und verrühren. Zum Schluß die Datteln, Rosinen und Nüsse darunterheben.

Aus der Masse walnußgroße Kugeln formen, auf 2 gefettete oder mit Backpapier ausgelegte Backbleche setzen und etwas flachdrücken. Im vorgeheizten Backofen bei 180 °C etwa 10 Minuten backen. Die Plätzchen sofort vom Blech lösen und auf einem Kuchenrost abkühlen lassen.

ERGIBT ETWA 24 KEKSE

Die allerbesten Haferflocken-Rosinen-Kekse

Diese Kekse und die knusprigen Schokoladen-Hafer-Kekse (Seite 133) sind meine liebsten selbstgebackenen Kekssorten. Mama und Papa verschlingen sie, bevor die Kinder sie zu sehen bekommen!

75 g Butter oder Margarine
2 EL brauner Zucker
1 EL weißer Zucker
$^1/_2$ Ei
1 EL Wasser
1 Messerspitze Naturvanille

40 g Weizenvollkornmehl
$^1/_2$ TL Lebkuchengewürz
1 Prise Salz
$^1/_4$ TL Natron
75 g zarte Haferflocken
75 g Rosinen

Das Fett mit dem Zucker und dem Ei schaumig schlagen. Wasser und Vanille hinzugeben. Mehl, Gewürze, Salz und Natron mischen und zu der Masse geben. Zum Schluß Haferflocken und Rosinen hineinrühren.

2 Backbleche mit Backpapier auslegen. Aus dem Teig walnußgroße Kugeln formen, auf das Backpapier setzen und etwas flachdrücken – dabei können Sie Ihr Kind bitten, Ihnen zu »helfen«. Die Plätzchen im vorgeheizten Backofen bei 180 °C etwa 15 Minuten backen. Die Ränder sollen knusprig und das Innere noch weich sein.

ERGIBT ETWA 15 KEKSE

Goldgelbe Apfel-Rosinen-Küchlein

Diese leckeren Küchlein stecken voller guter Zutaten und sind eine ideale Zwischenmahlzeit für Kinder.

100 g Weizenvollkornmehl
1 TL Backpulver
2 TL Natron
50 g brauner Zucker
1 Messerspitze Salz
1 TL gemahlener Zimt
75 g Cornflakes, zerdrückt
1 Ei

125 ml Milch
125 ml Apfelsaft
85 ml Pflanzenöl
100 g Rosinen
50 g Haselnüsse, gehackt
1 Apfel, geschält und gerieben
  (nach Geschmack)

Mehl, Backpulver, Natron, braunen Zucker, Salz und Zimt in eine große Schüssel geben und mischen. Die zerdrückten Cornflakes hinzufügen. In einer anderen Schüssel Ei, Milch, Apfelsaft und Pflanzenöl zu einer Creme schlagen. Diese nach und nach vorsichtig in die Mehlmischung rühren. Zum Schluß Rosinen, Nüsse und gegebenenfalls den geriebenen Apfel darunterheben.

Papierförmchen auf 2 Muffinbleche setzen, jedes Förmchen etwa zu $^2/_3$ mit dem Teig füllen und ungefähr 16–20 Minuten im vorgeheizten Backofen bei 180 °C backen. Die Küchlein sind fertig, wenn am Holzstäbchen, das in den Teig gestochen wird, nichts hängenbleibt.

ERGIBT ETWA 10 KÜCHLEIN

Karotten-Ananas-Küchlein

Diese Küchlein sind unwiderstehlich. Sie sind der Lieblingssnack meiner Familie und immer sehr beliebt, wenn Kinder zu Besuch kommen. Die Fettmenge ist allerdings recht üppig! Ihre Kinder sind nach dem Verzehr von einem Küchlein wahrscheinlich völlig satt. Verwenden Sie Sonnenblumen- oder Maiskeimöl.

100 g weißes Mehl
100 g Weizenvollkornmehl
1 TL Backpulver
$^3/_4$ TL Natron
$1^1/_2$ TL gemahlener Zimt
$^1/_2$ TL Salz
250 ml Pflanzenöl
1 EL Zucker

2 Eier
125 g Karotten, geraspelt (etwa
   2 – 3 Karotten)
Ananas aus der Dose (340 g Abtropfgewicht), abgetropft und grob gehackt
50 g Haselnüsse, gehackt
100 g Rosinen

Mehl, Backpulver, Natron, Zimt und Salz in eine Schüssel geben und vermischen. Öl, Zucker und Eier in einer zweiten Schüssel zu einer dicken Creme schlagen. Karotten, Ananas, Nüsse und Rosinen hinzufügen. Die Mehlmischung eßlöffelweise dazugeben und verrühren.

Ein Muffinblech mit Papierförmchen auslegen und in jedes Förmchen einen gehäuften Eßlöffel Teig geben. Die Küchlein im vorgeheizten Backofen bei 180 °C etwa 20 – 25 Minuten backen.

ERGIBT 14 – 16 KÜCHLEIN

Himmlischer Schokoladenkuchen ❊

Diesen Kuchen können Sie zu einem besonderen Anlaß gut mit Ihrem Kind zusammen »backen«.

200 g Vollkorn-Butterkekse
50 g Butter oder Margarine
1/2 Päckchen Zitronengötterspeise
250 ml Wasser
100 g Vollmilchschokolade

200 g Doppelrahm-Frischkäse
50 g Zucker
100 g Sahne
Kakaopulver zum Garnieren

Die Kekse in der Küchenmaschine zerkleinern. Das Fett in einer Pfanne zerlassen, die zerkleinerten Kekse dazugeben und verrühren. Die Keksmasse in eine Pieform mit einem Durchmesser von 26 cm geben, gleichmäßig auf dem Boden verteilen und andrücken.

Das halbe Päckchen Götterspeise mit dem Wasser nach Packungsanweisung zubereiten, abkühlen lassen und in den Kühlschrank stellen, bis sie gut durchgekühlt ist. (Dann ist sie immer noch flüssig!)

Die Schokolade schmelzen. Den Frischkäse mit dem Zucker in eine Schüssel geben, die Schokolade hinzufügen und alles zu einer Creme rühren. Die Sahne steif schlagen und zusammen mit der Götterspeise unter die Schokoladenmischung heben. Die Frischkäse-Schokoladen-Creme auf den Keksboden streichen. Den Kuchen in den Kühlschrank stellen, damit die Füllung völlig geliert. Vor dem Servieren Kakaopulver darübersieben.

Schokoladen-Erdnuß-Crossies ❊

Ein Leckerbissen für alle, die gern Erdnußmus mögen. Je nach Geschmack kann man die Schokolade auch weglassen.

5 EL feines Erdnußmus
50 ml Ahornsirup
1 Messerspitze Naturvanille

100 g Reiscrispies
100 g Vollmilchschokolade

Erdnußmus und Ahornsirup vorsichtig erhitzen. Die Vanille hinzufügen und verrühren. Die Reiscrispies in die Mischung geben und darin verrühren, bis sie von der Masse umhüllt sind. Eine rechteckige Form (etwa 20 x 20 cm) mit Butter ausstreichen und die Crossie-Masse mit der Rückseite eines Holzlöffels gut in die Form drücken. Die Schokolade schmelzen, etwas abkühlen lassen, über die Mischung geben und verteilen. Abkühlen lassen und zum vollständigen Erstarren in den Kühlschrank stellen. In kleine Rechtecke schneiden und servieren.

ERGIBT 12 STÜCKE

Apfel-Dattel-Schleckerei ✳

Diese Süßspeise ist eine Mischung aus Dessert und Kuchen: Sie können sie sowohl zum Nachtisch als auch zum Nachmittagskaffee servieren. Besonders gut schmeckt sie mit frischen Datteln, die Sie auf Märkten und in Feinkostläden bekommen.

40 g Butter
50 g brauner Zucker
1 Ei
100 g Weizenvollkornmehl
1 TL Backpulver
1 Prise Salz

1 großer Kochapfel, geschält, ohne
  Kerngehäuse und gewürfelt
100 g Datteln, entsteint und klein-
  geschnitten (etwa 6 Datteln)
50 g Hasel- oder Walnüsse, gehackt

Die Butter mit dem Zucker schaumig schlagen und das Ei hinzufügen. Mehl und Salz dazugeben und Früchte und Nüsse darunterheben. Die Masse in eine gefettete, rechteckige, flache Form geben (20 x 20 cm) und im vorgeheizten Backofen bei 180 °C etwa 30 Minuten backen.

ERGIBT 6 PORTIONEN

Gestürzter Bananenkuchen

Ein herrlich saftiger Kuchen mit leckerem Guß. Man kann ihn zum Nachtisch oder als Leckerbissen zum Kaffee servieren.

90 g Butter oder Margarine	2 Eier
125 g brauner Zucker	1 Messerspitze Naturvanille
5 Bananen, geschält und in Scheiben geschnitten	250 g Mehl
	2 TL Backpulver
75 g Rosinen	1/2 TL Salz
75 g Walnüsse, geviertelt	100 ml Milch

Die Hälfte der Butter in einer Pfanne zerlassen und 40 g von dem Zucker darin schmelzen. Diese Mischung auf den Boden eines flachen, beschichteten Kuchenblechs (Durchmesser 24 cm) streichen. Darauf die Bananen, Rosinen und Nüsse verteilen.

Das restliche Fett mit dem restlichen Zucker, den Eiern und der Vanille schaumig schlagen. Die trockenen Zutaten in einer Schüssel mischen und

eßlöffelweise abwechselnd mit der Milch in die Eiermasse rühren. Den Teig über die Bananen-Rosinen-Nuß-Schicht streichen. Der Teig verteilt sich während des Backens gleichmäßig. Im vorgeheizten Backofen bei 180 °C etwa 40–45 Minuten backen. Auf eine Tortenplatte stürzen, solange der Kuchen noch warm ist.

ERGIBT 12 PORTIONEN

LECKEREIEN FÜR KINDERFESTE

Ist es nicht merkwürdig, daß wir zu besonderen Anlässen besonders ungesundes Essen servieren – wie Würstchen, Chips und süßen, sahnigen Kuchen? Viele Eltern versuchen, diese Gewohnheit zu ändern. Warum also nicht zur Abwechslung einmal zum Geburtstag oder einem anderen Kinderfest gesunde Leckereien auftischen?

Es macht Spaß zuzusehen, wie Kinder sich mit Ihren selbstgemachten, gesunden Leckerbissen die Bäuche vollschlagen. Noch besser wird es Ihrem Kind schmecken, wenn es in der Küche »helfen« darf. Allerdings brauchen Sie dann wahrscheinlich doppelt so lange!

Gute Organisation ist natürlich wichtig. Sie können den größten Teil der Kekse und Kuchen einfrieren, so daß am Tag selbst nicht mehr so viel zu tun ist. Brote bzw. Sandwiches zubereiten, den Kuchen glasieren, den Tisch decken und Luftballons aufblasen – das sind die üblichen Dinge, um die man sich am Festtag kümmern muß.

Wichtig ist, daß Kinder das Essen auch optisch anspricht, damit sie die Leckerbissen überhaupt anrühren. Entwerfen Sie Sandwiches selbst! Sie finden in diesem Kapitel und auch in anderen Kapiteln des Buches viele Ideen für Überraschungen zum Kinderfest, wie »Götterspeisenboote« und »Tier-Dips« (Seite 147 und 130). Sie können auch eine Wassermelone als Tier zurechtschneiden und mit Obst füllen – eine gesunde Alternative zu einer Schüssel Smarties. Bereiten Sie Mini-Portionen zu, denn Kinder mögen das gern und probieren gern vieles! Backen Sie Mini-Küchlein und Mini-Kekse (Seite 133 ff.), und belegen Sie Mini-Sandwiches.

Mit etwas Phantasie zubereitete Sandwiches oder belegte Brote können genauso verlockend für Kinder sein wie Kekse oder Torten. Heutzutage gibt es so viele verschiedene Brotsorten und dazu alle möglichen selbstgemachten Aufstriche. Es ist erstaunlich, was Kinder alles mögen, wenn es als Belag auf einem witzig geformten Butterbrot serviert wird!

Mit Ausstechförmchen können Sie ein einfaches Butterbrot ganz schnell in etwas ganz Besonderes verwandeln. Kleine Tierförmchen sind sehr beliebt. Mit Rosinen, Karotten, Gurken (oder was immer Sie gerade zur Hand haben) können Sie Augen, Schnurrbarthaare und Schwänze für die Tiere anfertigen.

Selbst Eltern, die sich künstlerisch für völlig unbegabt halten, können sich an neuartigen Sandwiches, Butterbroten und Brötchen versuchen. Ein langer Zug mit mehreren Wagen sieht toll aus. Schichten Sie für die Dampflok einfach mehrere Quadrate von belegten Brotscheiben aufeinander. Eine Stange Bleichsellerie bildet den Schornstein, und aus Scheiben von Paprikaschoten werden Räder »gebastelt«. Dahinter folgen Sandwiches, mit kleinen Stücken Käse, Gurke, Tomate und dünnen Scheiben Radieschen als Rädern. Aus Salzstangen legen Sie Gleise – und schon kann die Reise losgehen!

Für den Brötchen-Fisch, der hier abgebildet ist, verwende ich ein längliches Vollkornbrötchen, in das ich oben einen Schlitz für die Gurkenscheiben (die Rückenflossen) hineinschneide. Die Heidelbeeren sind mit Cocktailstäbchen befestigt, die herausgezogen werden müssen, wenn Sie den »Fisch« kleinen Kindern vorsetzen.

Wie wäre es mit Ampelbrot? Einfach eine Scheibe Kastenbrot mit Butter oder Doppelrahm-Frischkäse bestreichen, durchschneiden und auf die Hälften jeweils oben 1 Scheibe Tomate, in die Mitte 1 Scheibe hartgekochtes Ei und unten 1 Gurkenscheibe legen.

Aus Brot ausgestochene Kreise, die als Gesicht dekoriert werden, sind sehr beliebt: mit Butter oder Margarine bestreichen und eine runde Käsescheibe darauflegen, Karottenraspel oder Kresse für die Haare, Weintrauben- oder Karottenscheiben für die Augen, Champignonscheiben für die Nase und einen Streifen rote Paprika für den Mund verwenden.

Patchworkdecke

Diese Patchworkdecke besteht aus quadratisch geschnittenen Vollkornbrotscheiben, die mit Butter oder Margarine und verschiedenfarbigem Aufstrich oder Belag versehen sind und patchworkartig auf einer großen Platte angeordnet werden. Auf die einzelnen Quadrate legen Sie als Dekoration in Scheiben oder Formen geschnittenes Gemüse. Sie können auch, wie hier abgebildet, aus einer einzelnen Brotscheibe eine Patchworkdecke zusammensetzen: dazu verschiedenfarbige Käsescheiben zu Quadraten schneiden, im Schachbrettmuster auf der Brotscheibe anordnen und mit Gemüse garnieren.

4 Scheiben Vollkorn-Kastenbrot
Butter oder Margarine zum
*   Bestreichen*
Für den Belag: Doppelrahm-Frisch-
*   käse, Kräuterquark, Avocado-*
*   Frosch-Dip (Seite 131),*

Erdnuß-Löwen-Dip (Seite 130),
*   verschiedenfarbige Käsesorten usw.*
Zum Garnieren: halbierte bzw. in
*   Scheiben geschnittene Weintrauben,*
*   Kirschtomaten, Gurken, Kohlrabi,*
*   Karotten, Radieschen oder Kresse*

D ie Rinden von den Brotscheiben schneiden, das Brot mit Butter oder Margarine bestreichen und jede Scheibe in 3 gleich breite Streifen schneiden. Die Streifen bestreichen bzw. belegen und jeweils in 3 Quadrate schneiden. Die kleinen Quadrate auf einem großen Teller in Reihen anordnen, dabei die verschieden belegten Sorten mischen, so daß ein großes Rechteck entsteht. Die Quadrate beliebig mit Gemüse garnieren.

ERGIBT 36 KLEINE BELEGTE BROTE

Traktor-Sandwich

Dieser Traktor sieht in der Mitte einer Geburtstagstafel prächtig aus und kommt immer gut an. Einfach quadratische Scheiben aus Vollkorn- und weißem Brot mit geschmacklich passendem Belag wie Ei und Kresse, Doppelrahm-Frischkäse, Gurke- oder Tomatenscheiben usw. aufeinanderschichten und zu einem Traktor formen. Der Anhänger besteht aus drei Milchbrötchenhälften und enthält frisches Gemüse, wie Kirschtomaten, Gurke und Bleichsellerie. Für die Räder kann man Scheiben von roten Paprikaschoten und Karotten nehmen, für die Fenster Käsescheiben und Schnittlauch, eine Sesamstange für den Schornstein. Es macht Kindern viel Spaß, diesen Traktor zu zerlegen!

Mehrstöckige Butterbrote

3 oder 4 Scheiben Vollkornbrot mit unterschiedlichem Belag übereinanderschichten. Sie können auch verschiedene Brotsorten verwenden. Das geschichtete Brot in Streifen, kleine Quadrate oder Dreiecke schneiden. Achten Sie darauf, daß der Belag sich geschmacklich ergänzt!

Feuerrad-Sandwiches

Die Zubereitung dieser Sandwiches macht Spaß! Sie können die Sandwiches, bevor sie in Scheiben geschnitten werden, in Frischhaltefolie verpacken und in Rollen einfrieren. Verwenden Sie am besten frisches Brot mit weicher Krume. Wenn Sie das Brot vorher kühl stellen, läßt es sich leichter verarbeiten.

Von 2 Scheiben die Rinde abschneiden und die Brotscheiben so auf ein Brett legen, daß die Ränder etwa 1 cm überlappen. Das Brot flachdrücken, damit es formbar wird und die beiden Scheiben fest miteinander verbunden sind. Das flachgedrückte Brot mit Butter und Aufstrich bestreichen. Wählen Sie einen Aufstrich, der sich farblich vom Brot abhebt. Dann das Brot vorsichtig aufrollen. Hier sind einige Aufstriche, die sich gut eignen:

Erdnußmus
Erdnußmus und Doppelrahm-
* Frischkäse*
hartgekochtes, zerdrücktes Eigelb,
* vermischt mit etwas Mayonnaise*
* und Schnittlauchröllchen oder Kresse*

Räucherlachs
Lachsmousse
Doppelrahm-Frischkäse, verrührt
* mit gehacktem Spinat, fein geriebe-*
* nem Parmesan und etwas Muskat-*
* nuß*

Toast

Mini-Toasts sind sehr verlockend. Wählen Sie dafür Vollkorn-Toast. Die Scheiben nach Geschmack belegen und unter den vorgeheizten Grill legen. Etwa 5 Minuten überbacken, bis der Käse geschmolzen ist. Hier einige Vorschläge für den Belag:

Tomatenscheiben, Schnittlauchröll-
* chen und geriebener Emmentaler*
selbstgemachter Pizza-Belag:
* gedünstete Tomatenstückchen,*
* Frühlingszwiebeln und Champi-*
* gnons in Scheiben mit Bel-Paese-*
* oder Mozzarellascheiben belegt*

gekochte Hühnerfleischstückchen
* mit gedünsteten Pilzen in*
* Béchamelsoße*
Thunfisch, Mais und Käse
Apfel- und Bananenscheiben, mit
* braunem Zucker und Zimt bestreut*

—*Weitere Ideen für Sandwiches und belegte Brote*—

Legen Sie Salatblätter auf die Brotscheiben, damit das Brot nicht durchweicht. Sie müssen das Brot nicht immer mit Butter oder Margarine bestreichen – Doppelrahm-Frischkäse, Quark, Erdnußmus oder ein anderes Nußmus sind gute Alternativen.

Zerdrückte Avocado und Doppelrahm-Frischkäse

Karotten mit Doppelrahm-Frischkäse

Erdnußmus und Fruchtpüree

Erdnußmus und Bananenscheiben mit Alfalfa-Sprossen

Erdnußmus und Apfelmus mit Rosinen (und eventuell 1 Prise Zimt)

Mandelmus, geriebener Apfel und gerösteter Sesam

Doppelrahm-Frischkäse, Quark, Schafskäse und Schnittlauchröllchen zu einer Creme verrührt

Schnittkäse, vegetarischer Aufstrich (Reformhaus) und feingeschnittener Blattsalat

Doppelrahm-Frischkäse, Gurkenscheiben und geröstete Sesamsamen

hartgekochtes gehacktes Ei, Brunnenkresse und Mayonnaise

Doppelrahm-Frischkäse und Weintraubenstückchen

Doppelrahm-Frischkäse und gehackte Ananas

Doppelrahm-Frischkäse und Rosinen

geriebener Käse mit geriebenem Apfel und geriebener Birne

Thunfisch mit Mayonnaise und Salatkresse oder Frühlingszwiebelringen

Rosinenbrot mit Doppelrahm-Frischkäse oder Quark und Erdbeerpüree

Hüttenkäse mit Kiwiwürfeln gemischt

kleingeschnittenes Hühnchenfleisch mit Mayonnaise, Naturjoghurt, etwas Currypulver und eventuell Rosinen gemischt

Krabben mit Blattsalatstreifen, Tomaten-, Gurkenstückchen und Mayonnaise gemischt

gegrillte Hühnerlebern mit gebratenen Zwiebeln und hartgekochtem Ei

Doppelrahm-Frischkäse mit gehackten Datteln, Backpflaumen oder getrockneten Aprikosen

kaltes Hühner- oder Putenfleisch mit Apfelchutney

Doppelrahm-Frischkäse mit Fruchtpüree

geriebener Käse, Karotten und Mayonnaise

Götterspeisenboote

Diese kleinen Segelboote sind unwiderstehlich. Bereiten Sie die Götterspeise aus Obstsaft zu, zum Beispiel aus rotem Traubensaft oder aus Orangensaft. Die Säfte sind von Natur aus so süß, daß Sie nicht nachsüßen müssen. Sie können die Götterspeise auch aus Obstpüree zubereiten.

2 große unbehandelte Orangen
10 g gemahlene weiße Gelatine oder
* 6 Blatt weiße Gelatine*
eventuell Orangensaft zum Auffüllen

2 EL Obstscheiben (Erdbeeren,
* Himbeeren, Weintrauben, Bananen)*
1 Blatt Reispapier
8 Cocktailstäbchen

Die Orangen halbieren und auspressen, ohne die Schale zu verletzen. Man benötigt 250 ml Saft, gegebenenfalls füllen Sie mit anderem Saft auf. Sorgfältig die inneren Häutchen aus den ausgepreßten Orangenhälften entfernen. Die Gelatine in Wasser 5 Minuten einweichen. Etwas Obstsaft erhitzen und die gut ausgedrückte Gelatine darin auflösen. Dann den restlichen Obstsaft hineinrühren.

$1/2$ Eßlöffel geschnittenes Obst in jede Orangenhälfte geben und bis zum Rand mit der Götterspeise auffüllen. Kalt stellen. Wenn die Flüssigkeit geliert ist, die Orangenhälften mit einem in Wasser getauchten Messer einmal durchteilen. Aus Reispapier 8 Dreiecke schneiden und mit Cocktailstäbchen daraus kleine Segel anfertigen.

ERGIBT 8 BOOTE

Käse-Aprikosen-Kuchen

Dieser Kuchen sieht großartig aus und ist schnell und leicht zubereitet. Er enthält keine Sahne und wird nicht gebacken. Er läßt sich gut einfrieren, so daß man ihn im voraus zubereiten kann.

1 kg Aprikosen, entsteint
Saft von $1/2$ Zitrone
250 ml Aprikosensaft
10 g gemahlene weiße Gelatine oder
  6 Blatt
750 g Hüttenkäse
200 g Doppelrahm-Frischkäse

200 g Vollkorn-Butterkekse
75 g Butter oder Margarine,
  zerlassen
3 EL durch ein Sieb gestrichene
  Aprikosenkonfitüre
etwas geriebene Schokolade
  (nach Geschmack)

Von den entsteinten Aprikosen 6 beiseite legen. Die übrigen in Stücke schneiden und mit dem Zitronensaft pürieren. Die Gelatine 5 Minuten in Wasser einweichen. Den Aprikosensaft erhitzen und die gut ausgedrückte Gelatine darin auflösen, abkühlen lassen. Inzwischen den Hüttenkäse durch ein Passiersieb streichen, damit er ganz glatt wird. Das Aprikosenpüree zum Hüttenkäse geben und verrühren. Dann den abgekühlten, aber noch flüssigen Saft und den Frischkäse dazugeben.

Die Butterkekse im Mixer zerkleinern und mit dem zerlassenen Fett verrühren. Die Keksmasse auf den Boden einer Springform mit einem Durchmesser von 26 cm verteilen und andrücken. Die Aprikosen-Käse-Mischung daraufstreichen.

Den Kuchen in den Kühlschrank stellen und fest werden lassen. Mit den 12 Aprikosenhälften garnieren. Die Aprikosenkonfitüre in 1 Eßlöffel heißem Wasser auflösen und auf den Kuchen streichen. Nach Belieben mit etwas geriebener Schokolade bestreuen.

ERGIBT 12 STÜCKE

GESUNDES JUNK FOOD

Nicht alles, was Kinder lieben, ist auch gut für sie. Das gilt besonders für Junk food. Wenn man Kinder nach ihren Lieblingsgerichten fragt, stehen fast immer Pommes frites, Hamburger und Eis an erster Stelle. Fast-food-Ketten richten sich mit ihrer Werbung gezielt an kleine Kinder. Die aber brauchen mineralstoff- und vitaminreiche Nahrung am nötigsten, weil sie sich im Wachstum befinden. Ein gelegentlicher Besuch im Fast-food-Restaurant schadet Ihrem Kind natürlich nicht, und ein Mittagessen aus Fischstäbchen und Pommes frites erleichtert das Leben sehr, wenn man gerade viel zu tun hat und es einfach schnell gehen muß.

Doch sich ganz von Junk food zu ernähren ist ungesund. Es gibt kein Gesetz, das Fast-food-Ketten verpflichtet, die Zutaten in ihren Produkten anzugeben. Unter dem Salz, dem Glutamat, den Farbstoffen und dem »leckeren« Teig verbergen sich oft minderwertige Nahrungsmittel wie Trockenfischprodukte oder fettes Hackfleisch. Und da die Hersteller wissen, daß Desserts um so mehr Absatz finden, je süßer sie sind, entsteht ein Teufelskreis: Die Kinder gewöhnen sich an überzuckerte Speisen, und es kann schwer werden, sie für natürlicheres, gesünderes Essen zu begeistern.

Eine Mahlzeit aus einem Hamburger, Pommes frites, einer Apfeltasche und einer Cola kann über 1200 Kalorien enthalten und damit über zwei Drittel des täglichen Kalorienbedarfs eines vier- bis sechsjährigen Kindes und über die Hälfte des Kalorienbedarfs eines elf- bis vierzehnjährigen Kindes decken. Diese Mahlzeit enthält eine große Menge Fett, Salz und Zucker, aber im Verhältnis zu den Kalorien nur wenig Nährstoffe. Häufiger Verzehr von Junk food kann zu einem erhöhten Auftreten von Herzerkrankungen, Fettleibigkeit, Karies und letztendlich zu einem übergewichtigen, unglücklichen Kind führen.

Das heißt aber nicht, daß Fast food generell ungesund ist. Manchmal werden Fischstäbchen und Hamburger aus guten Zutaten zubereitet. Hier sind einige Tips für gesunde schnelle Gerichte:

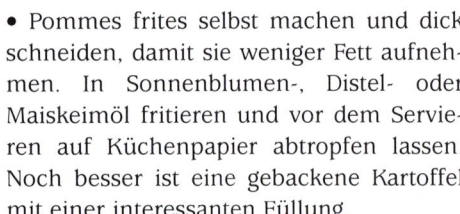

• Pommes frites selbst machen und dick schneiden, damit sie weniger Fett aufnehmen. In Sonnenblumen-, Distel- oder Maiskeimöl fritieren und vor dem Servieren auf Küchenpapier abtropfen lassen. Noch besser ist eine gebackene Kartoffel mit einer interessanten Füllung.

• Hamburger grillen und möglichst fettarmes Fleisch wählen. Im Vollkornbrötchen servieren.

• Vollkornpizzen wählen

• Aus einem Vorrat von Tiefkühl-Gemüse, Thunfisch und Bohnen aus der Dose lassen sich gut Schnellgerichte zaubern.

• Wählen Sie Milchspeiseeis aus guten, natürlichen Zutaten, und bereiten Sie Wassereis selbst aus Obstsäften zu (Seite 115).

• Lesen Sie bei »gesunden« Snacks wie Müsliriegeln genau die Packungsangaben, denn oft enthalten sie sehr viel Zucker.

Sie finden in diesem Kapitel viele Rezepte, in denen Junk food zusammen mit gesunden Zutaten eine komplette Mahlzeit ergibt, zum Beispiel »Chicken Nuggets mit Kartoffelchips« (Seite 152). Außerdem habe ich selbst gesunde Junk-food-Gerichte erfunden, wie »Nudelpizza« (Seite 153) und »Lustige Clownsgesichterburger« (Seite 156), um die kleinen McDonalds-Fans an Mutters Kochtopf zurückzulocken!

Minestrone mit Spaghetti

Minestrone ist bei Kindern sehr beliebt, weil sie die verschiedenen Zutaten so schön darin herumschwimmen sehen. Geben Sie in die Suppe gekochte Spaghetti vom Vortag, und sie wird mit Sicherheit gut ankommen!

2 Zwiebeln, geschält und gehackt
Pflanzenöl zum Braten
1½ Stangen Bleichsellerie, gewürfelt
2 Karotten, grob geraspelt
150 g Kohl, feingeschnitten
3½ l Hühner- oder Gemüsebrühe
  (Seite 33 f.)

2 EL Tomatenmark
175 g Tiefkühl-Erbsen
gekochte Spaghetti nach Belieben
Salz und frisch gemahlener
  schwarzer Pfeffer
geriebener Parmesankäse zum
  Servieren (nach Geschmack)

Die Zwiebeln 2 Minuten im Öl glasig dünsten, dann Sellerie, Karotten und Kohl hinzufügen und einige Minuten mitdünsten. In einem anderen Topf die Brühe zum Kochen bringen, das gedünstete Gemüse und das Tomatenmark dazugeben und etwa 10 Minuten köcheln lassen. Zum Schluß die Erbsen und die Spaghetti hinzufügen und etwa 6 Minuten leicht kochen lassen. Mit etwas Salz und Pfeffer abschmecken und servieren. Nach Geschmack mit etwas Parmesankäse bestreuen.

ERGIBT ETWA 12 PORTIONEN

Chicken Nuggets mit Kartoffelchips

Ich verwende dafür zerdrückte Chips mit Käse- und Zwiebelgeschmack. Sie können aber auch andere Geschmacksrichtungen nehmen. Wählen Sie Chips ohne künstliche Farb- und Aromastoffe.

1 Scheibe Vollkornbrot
25 g Kartoffelchips
1 Ei
2 TL Wasser
frisch gemahlener schwarzer Pfeffer

Mehl zum Wenden
1 große Hühnerbrust, ohne Haut und
*   Knochen, in 8 Stücke geschnitten*
Pflanzenöl zum Braten

Brot und Chips in der Küchenmaschine zu feinen Krumen zerkleinern. Ei, Wasser und Pfeffer in einem flachen Teller verquirlen. Das Mehl und die Mischung aus Chips- und Brotkrumen in je einen Teller füllen. Die Hühnerstücke zuerst im Mehl wenden, dann ins Ei tauchen, dabei überschüssiges Ei abtropfen lassen. Zum Schluß die Fleischstückchen in den Krumen wenden. Entweder 5 Minuten in Öl braten oder mit etwas Öl beträufeln und unter dem vorgeheizten Grill garen (etwa 10–15 Minuten), dabei einmal wenden.

ERGIBT 2 PORTIONEN

Nudelpizza

Pizza mit einem Boden aus Spaghetti – zwei Lieblingsessen in einem! Probieren Sie diesen leckeren Belag aus Käse, Pilzen und Tomaten, und fügen Sie dann Mais, Salami oder den Lieblingsbelag Ihres Kindes hinzu.

175 g Spaghetti
$^1/_2$ TL Salz
2 Eier
125 ml Milch
90 g Greyerzer oder Emmentaler, gerieben
30 g Gouda, gerieben
etwas frisch gemahlener schwarzer Pfeffer
2 Frühlingszwiebeln, gehackt
10 kleine Champignons, in Scheiben geschnitten

30 g Butter oder Margarine
5 Tomaten, abgezogen, entkernt und gehackt, oder Tomaten aus 2 kleinen Dosen, abgetropft und kleingeschnitten
1 gehäufter EL Tomatenmark
1 EL gehackte Basilikumblättchen
1 TL getrockneter Oregano
100 g Mozzarella, gerieben
1 EL geriebener Parmesan (nach Geschmack)

Die Spaghetti in Salzwasser nicht ganz gar kochen. Sie sollen noch etwas fest sein, weil sie im Backofen weitergaren. Spaghetti gut abtropfen lassen. Mit einer Gabel Eier, Milch und die Hälfte des Greyerzers oder Emmentalers und den gesamten Gouda verquirlen. Die Mischung mit etwas Pfeffer würzen, zu den Spaghetti geben und gut mischen. Ein Backblech mit Backpapier auslegen und die Spaghettimasse (den Pizzaboden) in 3 oder 4 Kreisen daraufgeben.

Frühlingszwiebeln und Pilze im Fett kurz dünsten, dann die kleingeschnittenen Tomaten hinzufügen. Zusammen 4–5 Minuten dünsten, dann Tomatenmark, Basilikum und Oregano hinzufügen. Weitere 3–4 Minuten dünsten. Die Tomatensoße auf die Pizzaböden streichen und den restlichen Greyerzer oder Emmentaler sowie den Mozzarella und gegebenenfalls Parmesan darüberstreuen. Die Pizzen im vorgeheizten Backofen bei 180 °C 15–20 Minuten backen.

ERGIBT 3 ODER 4 PIZZEN

Annabels überbackenes Pizzabrot

Hier verwende ich statt Pizzateig Brotscheiben. Das Gericht ist ganz leicht zuzubereiten, und meine drei Kinder verschlingen ihre Portionen – aber Nachschlag gibt es nicht, weil ich normalerweise nicht widerstehen kann und die vierte Portion selbst esse. Zusätzlich kann man angebratene Pilze oder kleingeschnittene Paprika in die Tomatensoße geben.

1 Zwiebel, geschält und gehackt
Olivenöl zum Braten
1 kleine Dose Tomaten
2 mittelgroße Tomaten, abgezogen,
*   entkernt und kleingeschnitten*
1 TL Zucker
1 TL gehackte Petersilie
½ TL Oregano
½ TL getrocknetes Basilikum oder
*   1 TL frisches Basilikum*

etwas Salz und frisch gemahlener
*   schwarzer Pfeffer*
6 große Scheiben Weizenvollkornbrot
250 ml Milch
150 g Mozzarella, in Scheiben ge-
*   schnitten*
1 gehäufter EL geriebener Parmesan
2 Eier
etwas Butter

Die Zwiebel im Öl glasig dünsten. Dann Tomaten, Zucker, Petersilie, Oregano und Basilikum hinzufügen. Etwa 15 Minuten dünsten und mit Salz und Pfeffer abschmecken. Inzwischen das Brot 10–15 Minuten in der Milch einweichen. Mit der Hälfte des eingeweichten Brotes den Boden einer feuerfesten Form (etwa 20 x 25 cm) auslegen, die Hälfte der Tomatensoße darauf verteilen und mit den Mozzarellascheiben bedecken. Darüber die zweite Schicht Brot legen und mit dem Rest der Tomatensoße bedecken. Eier und Parmesan verquirlen, über die Tomatensoße geben. Mit einer Gabel in die Schichten stechen. 45 Minuten im vorgeheizten Backofen bei 180 °C backen.

ERGIBT 4 PORTIONEN

Fischstäbchen-Auflauf ✳

Manche Kinder sind erklärte Fischgegner, doch Fischstäbchen essen sie. Hier ist ein schnelles und einfaches Rezept, um Fischstäbchen in eine leckere Mahlzeit zu verwandeln. Man kann sie leicht selbst zubereiten: Ein dickes Schellfisch- oder Dorschfilet in Streifen schneiden, in gewürztem, verquirltem Ei, dann in Mehl und zum Schluß in zerdrückten Cornflakes wenden. Leicht braten oder mit zerlassener Butter oder Margarine bestreichen und grillen.

8 Fischstäbchen
1 mittelgroße Zwiebel, geschält und
gehackt
1 kleine grüne Paprikaschote,
entkernt und kleingeschnitten

1 EL Pflanzenöl
1 kleine Dose Tomaten
1 EL Tomatenmark
75 g Gouda, gerieben

Die Fischstäbchen braten oder grillen, bis sie gar sind. Zwiebel und Paprika im Öl weich dünsten. Die Tomaten abtropfen lassen, grob kleinschneiden und mit dem Tomatenmark zu den Zwiebeln und Paprika geben. Etwa 5 Minuten garen. Die garen Fischstäbchen in Stücke schneiden und mit der Tomatensoße mischen. In eine gefettete, feuerfeste Form geben und mit dem geriebenen Gouda bestreuen. Im vorgeheizten Backofen bei 180 °C wieder erhitzen und unter dem Grill anbräunen.

ERGIBT 3 PORTIONEN

Lustige Clownsgesichterburger

Diese Hamburger kann man sehr gut grillen und dann ganz unterschiedlich dekorieren, wie die Zeichnung zeigt. Sie können sie auch in der Pfanne braten und mit gebratenen Zwiebeln in einem Brötchen servieren. Ich bereite normalerweise gleich eine größere Menge zu und friere einen Teil der Hamburger ein (am besten roh und ohne Verzierung).

1 große Kartoffel, geschält und
  gerieben
500 g Rinderhack
1 Zwiebel, geschält und gerieben
1 Apfel (Granny Smith), geschält und
  gerieben
1 EL gehackte Petersilie
1 Würfel Hühnerbrühe

1 Brötchen, zerkrümelt
geriebener Mozzarella für das
  Gesicht
geriebener Cheddar für die Haare
Oliven oder Kirschtomaten oder
  Gurkenscheiben für die Augen
rote Paprikaschote für den Mund

Die Flüssigkeit aus der Kartoffel drücken. Alle Zutaten bis auf die Zutaten für die Verzierung vermischen und zu Hamburgern formen. Grillen oder in der Pfanne braten. Als Gesicht etwas Mozzarella und für das Haar den Cheddar daraufstreuen. So lange grillen, bis der Käse leicht geschmolzen ist. Dann aus den übrigen Zutaten ein Gesicht legen.

ERGIBT ETWA 10 HAMBURGER

SACHREGISTER

REZEPTREGISTER